Como fazer pesquisa qualitativa

Dados Internacionais de Catalogação na Publicação (CIP)
(Câmara Brasileira do Livro, SP, Brasil)

Oliveira, Maria Marly de
Como fazer pesquisa qualitativa / Maria Marly de Oliveira. 6. ed. – Petrópolis, RJ : Vozes, 2014.

ISBN 978-85-326-3377-4

Bibliografia.

1. Pesquisa qualitativa I. Título.

07-1759 CDD-001.42

Índices para catálogo sistemático:

1. Pesquisa qualitativa : Metodologia 001.42

Maria Marly de Oliveira

Como fazer pesquisa qualitativa

EDITORA
VOZES

Petrópolis

Rua Frei Luís, 100
25689-900 Petrópolis, RJ
Internet: http://www.vozes.com.br
Brasil

Esta obra foi inicialmente publicada pela Edições Bagaço em 2005.

Editoração: Fernando Sergio Olivetti da Rocha
Projeto gráfico: AG.SR Desenv. Gráfico
Capa: Bruno Margiotta

ISBN 978-85-326-3377-4

Editado conforme o novo acordo ortográfico.

Este livro foi composto e impresso pela Editora Vozes Ltda.
Rua Frei Luís, 100 – Petrópolis, RJ – Brasil – CEP 25689-900
Caixa Postal 90023 – Tel.: (24) 2233-9000
Fax: (24) 2231-4676

SUMÁRIO

Lista de siglas 10
Prefácio 11
Apresentação 13
Introdução 17

CAPÍTULO 1
Pressupostos básicos da Pesquisa Qualitativa

1. Epistemologia 25
1.1 Importância do ato de ler 26
1.2 Hipótese(s) 29
1.3 Variáveis 32
1.4 Construção do conhecimento 33
1.5 Neutralidade científica 35
1.6 Ética e estética 36
1.7 Pesquisa qualitativa 37
1.7.1 Principais características 38
1.7.2 Interatividade entre dados qualitativos e quantitativos . . . 39

CAPÍTULO 2
Metodologia, métodos e técnicas

2. Buscando definições 43
2.1 Metodologia 46
2.2 Método(s) 48
2.2.1 Método dedutivo 49

2.2.2 Método indutivo. 50
2.2.3 Método hipotético-dedutivo 51
2.2.4 Método dialético 51
2.2.5 Estudo de caso. 55
2.3 Técnica(s) 57
2.4 Procedimento metodológico 58
2.4.1 Abordagem qualitativa. 59
2.4.2 Abordagem quantitativa 61

CAPÍTULO 3
Conhecendo alguns tipos de pesquisa

3. Definindo e classificando as principais formas de produzir novos conhecimentos 65
3.1 Pesquisa exploratória 65
3.2 Pesquisa experimental 66
3.3 Pesquisa descritiva 67
3.4 Pesquisa bibliográfica. 69
3.5 Pesquisa documental 69
3.6 Pesquisa na internet. 70
3.7 Pesquisa de laboratório 72
3.8 Pesquisa *ex-post facto*. 72
3.9 Pesquisa etnográfica. 73
3.10 Pesquisa-ação 74
3.11 Pesquisa participativa. 75

CAPÍTULO 4
Instrumentos de pesquisa

4. Observações 79
4.1 Observação direta. 79
4.2 Observação participante. 80
4.3 Questionários 83

4.3.1 Dicas para construção de questionário(s) 84
4.4 Entrevistas 86
4.4.1 Dicas para realização de entrevistas 86
4.5 Universo 87
4.6 Amostra 88
4.6.1 Amostra não probabilística 88
4.6.2 Amostra probabilística 89
4.7 Pré-teste 90
4.8 Análise de documentos 90

CAPÍTULO 5
Como trabalhar os dados da pesquisa de campo

5. Categoria: conceito e classificação 93
5.1 Categorias teóricas 94
5.2 Categorias empíricas 97
5.3 Unidades de análise 97
5.4 Categorização de dados 102
5.5 Relação entre teoria e análise de dados 103

CAPÍTULO 6
Metodologia interativa como proposta para pesquisa qualitativa

6. Conceito *versus* definição 117
6.1 O que é conceito 117
6.2 O que é definição 118
6.2.1 Funções de definição 119
6.2.2 Tipos de definição 119
6.3 Dialética e hermenêutica: definições e sua importância 121
6.4 Metodologia interativa: um processo hermenêutico-dialético 123
6.4.1 Círculo hermenêutico-dialético 131

6.4.2 Coleta de dados 134
6.4.3 Equipe de apoio 135
6.4.4 Retorno ao campo 136
6.4.5 Categorização de dados 137
6.5 Análise interativa hermenêutico-dialética 138
6.6 Síntese da metodologia interativa hermenêutico-dialética 139
6.7 Exemplificando a pesquisa de campo 140
6.8 Metodologia interativa: análise de definições 144
6.8.1 Base teórica 145
6.8.2 Procedimento metodológico 148
6.8.3 Componentes na construção das definições 148
6.8.4 Análise interativa hermenêutico-dialética 149
6.8.5 Síntese da metodologia interativa para análise de definições 150
6.8.6 Exemplificando a análise de definições em livro didático 151

CAPÍTULO 7
Metodologia interativa como ferramenta didática

7. Sequência didática interativa – SDI 158
7.1 Sequência didática interativa no ensino da Matemática no Curso Normal Médio 159
7.1.1 Círculo hermenêutico-dialético 160
7.1.2 Parâmetros Curriculares Nacionais 162
7.1.3 Procedimento metodológico da aplicação CHD-SDI . . 162
7.1.4 Análise dos resultados 164
7.1.5 Avaliação final da experiência SDI 170
7.2 SDI aplicada no ensino de Química 171
7.2.1 Formação inicial de professores de Ciências e Matemática 172
7.2.2 Os saberes docentes e a formação inicial 175

7.2.2.1 Saberes docentes segundo Tardif: percepções e características 177
7.2.3 Procedimento metodológico 180
7.2.4 Círculo hermenêutico-dialético. 181
7.2.5 Categorização e análise de dados 183
7.2.6 Considerações finais sobre a SDI no ensino da Química . 188
7.3 CHD-SDI na formação inicial de professores de Ciências Biológicas 190
7.3.1 Trabalhando a metodologia interativa 192
7.3.2 Análise hermenêutico-dialética 194
7.3.3 Detalhamento da experiência CHD-SDI 195
7.3.4 Analisando os resultados obtidos. 197
7.3.5 Considerações sobre a SDI na formação inicial em Ciências Biológicas 201

CONSIDERAÇÕES FINAIS 203
REFERÊNCIAS 207
BIBLIOGRAFIA COMPLEMENTAR 215
Apêndice A
Facilidades e dificuldades na elaboração de projetos e dissertações 219
Apêndice B
Pistas para construção da fundamentação teórica 221
Apêndice C
Dicas para elaboração de questionários 225
Apêndice D
Dicas para elaboração de roteiros para entrevistas 229

LISTA DE SIGLAS

ABNT	Associação Brasileira de Normas Técnicas
AEPs	Associações Econômicas Produtivas
CEA	Curso de Especialização em Associativismo
CHD	Círculo Hermenêutico-dialético
DL	Desenvolvimento Local
IBGE	Instituto Brasileiro de Geografia e Estatística
PAPE	Programa de Associativismo, Pesquisa e Extensão
PPGEC	Programa de Pós-graduação em Ensino das Ciências
SDI	Sequência Didática Interativa
UFRPE	Universidade Federal Rural de Pernambuco
US	Universidade de Sherbrooke

Prefácio

Neste trabalho, a Profa. Maria Marly de Oliveira busca atender as demandas daqueles que enveredam pelos caminhos tortuosos da pesquisa científica e sentem na pele as dificuldades de manter o rumo durante um processo tão complexo. Para isso, apoiada em seus estudos e na sua experiência como pesquisadora, ela tenta traçar eixos que orientem as diversas etapas desse processo, desde a definição do tema até a análise dos dados coletados. Além disso, ela introduz a *metodologia interativa*, que corresponde a uma maneira específica de conduzir pesquisa, compatível com a perspectiva do paradigma que vem sendo adotado mais recentemente na pesquisa social e que é denominado muitas vezes como o "paradigma qualitativo". Dessa forma, este livro pode ser considerado como um guia teórico-prático para os iniciantes na pesquisa, especialmente aqueles que atuam na área social e que buscam aprofundar sua compreensão dos problemas, indo além das tendências indicadas pelos resultados obtidos na pesquisa científica tradicional, centrada nos aspectos quantitativos e no estabelecimento de relações de causa e efeito entre variáveis isoladas. Para tanto, além de discutir as bases teóricas desse paradigma, que pretende tratar questões complexas a partir da inter-relação entre diversos aspectos mais simples, a autora apresenta uma visão geral dos tipos de pesquisa, instrumentos de coleta e do tratamento dos dados coletados. Como complemento, temos um capítulo inteiro dedicado a contextualizar os diversos conceitos apresentados nos capítulos iniciais, com a vantagem de, ao mesmo tempo, possibilitar um primeiro contato com a metodologia interativa.

Assim, neste segundo livro, a Profa. Marly ratifica sua preferência pelas questões metodológicas, colaborando para o aprofundamento da compreensão das mesmas, tanto por seu esforço pessoal no desenvolvimento de uma metodologia de pesquisa quanto pela sua preocupação em permitir o envolvimento de mais pessoas, através da elaboração de textos acessíveis, dentre os quais se inclui este livro. Diante de tudo isso, acredito que o presente trabalho possui as características essenciais para se transformar numa fonte de consulta relevante tanto para aqueles que começam a fazer pesquisa quanto para aqueles que já fazem e buscam novas metodologias.

Heloisa Bastos, Ph.D.
Profa. do Mestrado/Doutorado de Ensino
de Ciências e Matemática – UFRPE

Apresentação

Considero esta obra um desdobramento do livro de minha autoria: COMO FAZER Projetos, Monografias, Dissertações e Teses, uma vez que meus alunos de Pós-graduação me fizeram constantes solicitações para que também eu publicasse, de *forma didática*, os *fundamentos básicos* para se fazer uma pesquisa dentro de uma *abordagem qualitativa*.

Muitos desses alunos me disseram: "professora, sua metodologia[1] é 'legal'; mas precisamos entender uma série de *conceitos* e as *bases* para se construir um projeto de pesquisa, e que seja algo didático, direto e de fácil compreensão". Diante dessa demanda, não me fiz de rogada, até porque, em minha vida profissional, a *didática* é a minha ferramenta predileta de trabalho.

Inicialmente, tinha como principal objetivo a divulgação da minha nova proposta para desenvolver uma pesquisa qualitativa, mas constatando que, em regra geral, os mestrandos e doutorandos não dominam os pressupostos básicos para construção de suas dissertações e teses, tomei a iniciativa de escrever um livro para instrumentalizar academicamente esses es-

1. Em 1999, defendi na Universidade de Sherbrooke (US) – Quebec/Canadá minha tese de doutorado em educação, intitulada Formação em associativismo e desenvolvimento local no Nordeste do Brasil: a experiência de Camaragibe/PE. Nessa tese, a minha pesquisa foi feita a partir de uma abordagem qualitativa, em que desenvolvi uma nova proposta de metodologia, que denominei de metodologia interativa.

tudantes. Parti da premissa de que, se o pesquisador pode simplificar, para que complicar? O *simplificar* é tomado aqui na dimensão de *compreensão*, que requer muito estudo, disciplina acadêmica, enfim, seriedade na produção de novos conhecimentos, mas que isso seja feito com *leveza* para sentir *prazer* na construção de uma monografia, dissertação ou tese. Assim, ao aceitar o desafio de meus alunos, no primeiro semestre de 2004, realizei uma pesquisa junto aos mestrandos do Programa de Pós-graduação em Ensino das Ciências (PPGEC) da Universidade Federal Rural de Pernambuco (UFRPE), objetivando a identificação das principais dificuldades, tanto para construção do projeto como para elaboração das dissertações e teses (Apêndice A). Com base nos dados obtidos nessa pesquisa, passei a construir este livro, procurando escrever de forma sucinta os *referenciais* que pudessem ajudar os novos pesquisadores(as) na construção dos seus trabalhos acadêmicos. Minha intenção é a de que os iniciantes na construção do conhecimento, ao se apropriarem das informações sistematizadas do primeiro ao quinto capítulo deste livro, possam entender os pressupostos teóricos, didáticos e técnico-científicos da metodologia de pesquisa dentro de uma abordagem qualitativa. Também desejo que esses estudantes compreendam os referenciais aqui trabalhados e passem a utilizar a nova proposta metodológica por mim desenvolvida, a qual denominamos de *metodologia interativa: um processo hermenêutico-dialético*. Além de atender a demanda dessa clientela, esta obra tem como principal objetivo divulgar a *metodologia interativa* como sendo uma nova proposta para pesquisas que priorizem a abordagem qualitativa. Por antecipação, agradeço a atenção dos que procurarem ler este livro, em especial aos leitores(as) que passarem a adotar essa metodologia como referencial em suas pesquisas.

Assim, informo aos colegas professores, pesquisadores e aos demais intelectuais que, porventura, venham a ler essa obra, que procurem entender que se trata de uma obra simples, objetiva, cuja meta é facilitar e estimular os nossos alunos(as) a *tomarem gosto* pelos estudos, sobretudo pela realização de pesquisas. Na verdade, trata-se do resultado de uma pesquisa junto aos estudantes de pós-graduação, da observação de suas dificuldades para elaboração de um projeto de pesquisa na construção de dissertações e teses. Para reforçar os dados desta pesquisa que deram origem aos cinco capítulos iniciais desta obra, detalhamos no sexto capítulo a "Metodologia interativa...", mostrando, passo a passo, *como fazer uma pesquisa qualitativa.*

Portanto, procurei ser fiel ao que foi solicitado, atendendo uma demanda real. Dessa forma, o leitor(a) irá perceber, ao longo da leitura de cada capítulo, que é possível sintetizar este livro em dois eixos temáticos: *pressupostos básicos* para construção de um novo conhecimento e uma *proposta metodológica* de *Como fazer uma pesquisa qualitativa.* Essa nova proposta da *Metodologia Interativa* foi devidamente aprovada por renomados educadores canadenses por ocasião da defesa de minha tese que, desde o ano 2000, vem sendo utilizada com sucesso por mestrandos e doutorandos do Nordeste do Brasil.

Oxalá essa nova proposta metodológica dentro de uma abordagem qualitativa se propague por outras regiões de nosso país. Finalmente, espero que o conteúdo desta obra, que é trabalhado de forma didática, possa motivar estudantes que necessitam construir monografias, dissertações e teses para conclusão de seus estudos, e demais neófitos em pesquisas para a produção de novos conhecimentos.

Por oportuno, recomendo aos iniciantes no processo de pesquisa que *a priori* leiam atentamente o primeiro capítulo deste livro para começarem a adquirir uma disciplina acadêmica, visando a elaboração de um cronograma de estudos. Também recomendamos que busquem novos aprofundamentos dos temas aqui tratados, lendo diferentes autores e filósofos das ciências, bem como obras que tratem dos *métodos* e *técnicas* que facilitam a produção de novos conhecimentos. Essa recomendação deve-se ao fato de ter construído esta obra com informações preliminares e de forma didática, o que necessariamente demanda um maior aprofundamento teórico. Nessa direção, apresentamos, além das referências trabalhadas neste livro, a sugestão para leitura de uma bibliografia complementar.

Mais uma vez dedico este meu livro aos estudantes dos cursos de graduação que precisam construir *monografias*, em especial aos estudantes de pós-graduação que necessitam elaborar suas *dissertações* e *teses*. Espero que esta clientela e demais leitores(as) encontrem neste livro as *pistas* de que necessitam para o entendimento do *caminho* a percorrer na construção de um novo conhecimento, realizando pesquisas dentro de uma *abordagem qualitativa*.

Finalmente, quero agradecer aos leitores(as) que me deram a chance de difundir o meu trabalho, e que agora tenho a oportunidade de apresentar uma nova edição com a inclusão de um novo capítulo, para que juntos possamos contribuir para o avanço do conhecimento, e um ensino de melhor qualidade em nosso país.

Maria Marly de Oliveira, PhD
Profa. do Mestrado/Doutorado de Ensino
de Ciências e Matemática – UFRPE

Introdução

Esta obra tem como base a realização de uma pesquisa junto aos mestrandos do Programa de Pós-graduação em Ensino das Ciências da UFRPE e o quarto capítulo da tese de doutorado em Educação defendida na Universidade de Sherbrooke (US) – Quebec/Canadá (1999), já mencionada na apresentação desta obra. A pesquisa realizada ofereceu subsídios para construção dos cinco primeiros capítulos, e a *metodologia interativa,* como nova proposta para uma pesquisa qualitativa, tem seus fundamentos no quarto capítulo da nossa tese.

Essa metodologia vem sendo aplicada no Brasil, a partir do ano 2000, através da orientação sistemática de *dissertações e teses*. Por isso, resolvemos socializar essa experiência. Nosso maior objetivo é tentar oferecer alguns subsídios aos novos pesquisadores(as), para a elaboração de monografias, dissertações e teses, e dar suporte para pessoas interessadas em pesquisas que enfatizam a abordagem qualitativa. Portanto, apresentamos aos leitores(as) uma nova proposta metodológica, que passamos a denominá-la de *metodologia interativa: um processo hermenêutico-dialético*. Os fundamentos teóricos dessa nova abordagem de pesquisa qualitativa estão alicerçados no *método pluralista construtivista* ou "quarta geração" de Guba e Lincoln (1989), no *método de análise de conteúdo* (BARDIN, 1997) e *no método hermenêutico-dialético* de Minayo (2004). Durante o processo de construção da mencionada tese de doutorado percebemos que a técnica do círculo hermenêutico-dialético (CHD) proposta por Guba e Lincoln se constituía um instrumento de coleta de dados por si só, e não dava conta da análise final dos dados coletados.

Ao realizar um pré-teste, ficou ainda evidenciado que a aplicabilidade dessa técnica necessitava de algumas adaptações e inovações que pudesse facilitar o trabalho de campo, buscando-se eliminar ao máximo a interferência e/ou subjetividade do pesquisador(a).

Como resultado desse pré-teste com a utilização da técnica do CHD, fizemos algumas adaptações e, assim, numa segunda tentativa, foi possível obtermos uma pré-análise dos dados através dos próprios atores sociais pesquisados. Para dar um fechamento consistente à análise dos dados, fomos buscar novos fundamentos no método hermenêutico-dialético de Minayo. Além de trabalharmos esses dois métodos, fizemos análise de documentos, realizamos entrevistas e aplicamos questionários. Com base na realidade, foram realizados acréscimos e adaptações de novos elementos norteadores tanto no trabalho de campo como na análise final dos dados coletados.

Esse procedimento nos tem demonstrado que a utilização dos métodos e técnicas de pesquisa, que constituem o *corpus* da *metodologia interativa*, não é excludente, e as adaptações e acréscimos dos novos componentes nos permitiram realizar uma melhor sistematização e aprofundamento das bases teóricas para sua aplicabilidade. Nessa metodologia, adotamos como parâmetro norteador para análise de dados o trinômio: *categorias teóricas*, *categorias empíricas* e *unidades de análise*. O detalhamento desse processo se encontra no sexto capítulo deste livro: "Metodologia interativa como proposta de uma pesquisa qualitativa."

O grande referencial da construção deste livro está alicerçado na pesquisa realizada na UFRPE, e, para melhor informar o leitor(a), apresentamos, no Apêndice A, o questionário que serviu como ponto de partida para este nosso estudo. Foi exatamente essa pesquisa que nos levou a trabalhar os *referenciais básicos* para construção de projetos acadêmicos, que estão sistematizados e apresentados nos cinco capítulos iniciais. Aparentemente parecem periféricos, uma vez que nosso maior objetivo é apresentar uma nova proposta metodológica para construção de uma pesquisa qualitativa.

Observando em sala de aula as principais dificuldades dos alunos quanto à construção de suas dissertações, e analisando os dados coletados na pesquisa realizada, percebemos que tanto esses estudantes como os demais dos vários cursos de pós-graduação têm muitas dificuldades. Essas criam impasses para uma tomada de decisão quanto à definição de seu objeto de estudo e, consequentemente, quanto à utilização de uma metodologia, para trabalhar, de forma sistematizada e segura, cada passo da pesquisa em busca da produção de um novo conhecimento. Assim, com base nas dificuldades e sugestões apresentadas pelos mestrandos(as) pesquisados, este livro ficou assim estruturado: no primeiro capítulo, trabalhamos a fundamentação teórica sugerida pelos estudantes, partindo do pressuposto de que essas sugestões podem ajudar os leitores(as) e, em especial, os estudantes de pós-graduação, a fim de que possam encontrar subsídios para dirimir dúvidas e tenham entusiasmo para iniciar uma nova caminhada acadêmica. Nesse capítulo, é dada uma maior ênfase ao processo de construção do conhecimento, começando pelo entendimento do que é epistemologia, pela importância do ato de ler, pela definição de hipóteses e variáveis, passando pela neutralidade científica, ética, estética. Finalizando esse capítulo, fazemos uma abordagem geral quanto aos conceitos e principais características da pesquisa qualitativa. Logo a seguir, ressaltamos a triangulação entre dados quantitativos e qualitativos.

No segundo capítulo, conceituamos metodologia, método e técnica. Destacamos os principais métodos, estabelecendo uma diferenciação entre abordagem qualitativa e quantitativa, a fim de esclarecer que essas duas abordagens não são excludentes.

No terceiro capítulo, apresentamos os principais tipos de pesquisa, e, no quarto, trabalhamos os instrumentos de pesquisa, focando os seguintes referenciais: observações, questionários, entrevistas. Além disso, conceituamos universo, amostra, realização de pré-teste e análise de documentos. São apresentadas algumas dicas para construção e aplicação dos instrumentais de pesquisa.

Dando continuidade à forma didática como trabalhamos este livro, no quinto capítulo nos preocupa em demonstrar como trabalhar os dados da pesquisa de campo. Para isso, damos o conceito de categoria e falamos da sua classificação em categorias teóricas empíricas e unidades de análise. Além de dar os conceitos, fazemos uma demonstração quanto ao processo de categorização de dados, estabelecendo a relação entre teoria e prática.

No sexto capítulo, apresentamos detalhamento do que vem a ser a *metodologia interativa* dentro de uma abordagem qualitativa. Iniciamos o capítulo fazendo algumas considerações sobre dialética e hermenêutica. A seguir conceituamos *metodologia interativa*, enfatizando a importância dos significados de hermenêutica e do processo dialético. Damos especial destaque às bases teóricas dessa metodologia quanto à utilização da técnica do círculo hermenêutico-dialético e do método hermenêutico-dialético.

Nesse capítulo, mais uma vez, enfatizamos a categorização de dados e explicamos o que vem a ser equipe de apoio. Através de exemplos práticos, demonstramos que a metodologia interativa é aplicável em dois níveis: pesquisa de campo e análise de conceitos em livros didáticos, textos e documentos. Visando facilitar o entendimento do leitor(a) quanto à utilização da metodologia interativa em pesquisas de abordagem qualitativa, ainda apresentamos as sínteses dos passos básicos dessa metodologia, tanto para a pesquisa de campo como para análise de conceitos.

Capítulo 1

Pressupostos básicos da Pesquisa Qualitativa

O conhecimento humano é milenar, não sendo privilégio exclusivo da ciência, uma vez que, nos primórdios da civilização, já se podia constatar o desenvolvimento do conhecimento humano. Recuando no tempo observamos os egípcios, fenícios, judeus, romanos, asiáticos, muçulmanos, hindus e outros povos, encontramos culturas que servem de referencial para explicações quanto ao desenvolvimento do conhecimento e da tecnologia na contemporaneidade. Portanto vamos procurar entender o conceito de epistemologia para conhecer de forma sucinta a evolução do conhecimento.

1. EPISTEMOLOGIA

Geralmente, o termo *epistemologia* é mais conhecido como sendo o "estudo crítico das ciências, tendo como principal objetivo determinar a origem lógica e a importância do conhecimento" (ROBERT, p. 674). Vamos encontrar uma outra definição em Larousse (1995): "a epistemologia é o estudo dos métodos de conhecimento que são praticados nas ciências" (p. 78).

Na Idade Moderna, Kant e Hermann Dohen inauguraram a aplicação desse termo, dando origem aos princípios e métodos da física de Newton. Mas considera-se Bachelard o maior epistemólogo da ciência moderna por mostrar, em sua obra *Le nouvel esprit scientifique* (1934), que "O pensamento racional e o esforço de sistematização precedem o contato com a experiência, mas que a experiência sempre esclarece todas as sistematizações racionais" (p. 78).

A trajetória do conhecimento humano passa por diferentes períodos, antes e depois de Cristo. Os filósofos pré-socráticos são os sistematizadores do conhecimento antes da chamada era cristã. Explicações substanciais foram dadas no domínio da matemática, astrologia, enfim, com informações que geraram conhecimentos quanto aos diferentes elementos da realidade cósmica.

Passando pelos clássicos da filosofia – Sócrates, Platão e Aristóteles –, vamos encontrar um conhecimento mais elaborado no Renascimento com René Descartes (1596-1650). Surge, então, o método científico (cartesianismo).

Tomando como base Claudionor Oliveira (2000), o *desenvolvimento do conhecimento* pode ser compreendido em seis momentos históricos:

1. Nicolau Copérnico negou a concepção geocêntrica de Ptolomeu e da Bíblia, cujo dogma tinha sido aceito por mais de mil anos.

2. Jonh Kepler, através de um estudo detalhado, elaborou tabelas astronômicas com leis empíricas do movimento planetário e que vieram corroborar o sistema de Copérnico.
3. Galileu Galilei avança esse conhecimento através de observações, análises, indução, verificação, generalização e confirmação.
4. Francis Bacon, Isaac Newton e John Locke, por sua vez, formularam hipóteses, realizaram experimentos e fizeram testes e generalizações, elaborando leis.
5. René Descartes institucionalizou o método cartesiano através da evidência, análise, síntese e enumeração.
6. Contemporaneidade: o desenvolvimento do conhecimento se dá pela definição do problema, comprovação das hipóteses, descoberta de teorias e leis.

Em síntese, podemos afirmar que, através dessas seis etapas, o método científico estabeleceu as bases do desenvolvimento científico e tecnológico (p. 37-38). Finalizando este item, lembramos que, em pesquisa, a epistemologia tem um lugar privilegiado por estar intrinsecamente ligada à produção de ciência. O posicionamento epistemológico, ou a predisposição de gerar conhecimento, implica buscar, na epistemologia, a objetividade do conhecimento científico, realizando estudos, observações, experimentos e análises através das teorias e conhecimentos já existentes em confronto com a realidade.

1.1 Importância do ato de ler

Com base em nossas experiências em sala de aula, podemos afirmar que os estudantes de nível superior têm uma enorme dificuldade na leitura e interpretação de textos científicos e filosóficos. Acreditamos que esta dificuldade é decorrente da falta de hábito desse tipo de leitura, uma vez que a maioria desses estudantes tem maior contato com a leitura de textos literários e didáticos que tratam das diferentes matérias da grade curricular dos cursos que frequentam.

É inegável que as leituras de textos de ciência e de filosofia não são de fácil compreensão, no entanto se faz necessário desenvolver e adquirir técnicas para superação das dificuldades quanto a esse tipo de leitura.

Preliminarmente, reportamo-nos ao que nos ensina o grande educador Paulo Freire (2003). Segundo ele, o ato de ler é um processo que envolve uma *compreensão crítica* e que não se esgota na decodificação pura da palavra escrita, mas que se antecipa e se alonga na inteligência de mundo. Portanto, a importância do ato de ler pressupõe uma *compreensão do texto em seu contexto*, ou seja, uma leitura deve ser refletida e contextualizada, pois "a leitura de mundo precede a leitura da palavra" (p. 11). Ainda parafraseando esse autor, o ato de ler implica percepção crítica e interpretação da realidade empírica.

Para adquirir esse mecanismo de leitura, de uma forma sucinta, sugerimos aos neófitos na construção do conhecimento que, ao começarem a leitura de textos científicos e filosóficos, façam um planejamento do ato de ler, através do seguinte procedimento:

- Escolham um local tranquilo, onde os objetos em volta, livros e móveis estejam em ordem.
- Procurem adquirir o hábito de ouvir uma música instrumental (de preferência, clássicos), e em tonalidade baixíssima.
- Façam uma primeira leitura do texto, assinalando frases ou palavras que apresentam dificuldades de entendimento. A seguir, de posse de um bom dicionário, procurem o significado dos termos e conceitos.

- Durante a segunda leitura, marquem as frases que trazem uma fundamentação para explicar a temática que pretendem trabalhar ou com a qual estejam trabalhando. Esse procedimento requer bastante reflexão, pois essas frases servirão de pistas para *construção de um novo conhecimento*, através de um constante diálogo e discussão com o(s) autor(es).
- Digitem ou escrevam em uma ficha o resumo do estudo realizado, colocando todas as referências quanto ao título do livro (ou capítulo), autor, editora, segundo as normas da Associação Brasileira de Normas Técnicas (ABNT).

Aos principiantes na construção e reconstrução do conhecimento, recomendamos que, a partir da leitura deste livro, comecem a adquirir uma *disciplina acadêmica*, quanto ao *registro* de todo tipo de informação que possa ajudar na elaboração do projeto de pesquisa para construção da monografia, dissertação ou tese. Uma sugestão simples e bastante funcional está, em primeiro lugar, na definição de um horário de estudo, que deve ser em média de três a cinco horas diárias. Em segundo lugar, é preciso que tenham um *caderno de capa dura de tamanho médio* que possa ser *conduzido sempre* na pasta de livros, papéis e documentos que fazem parte do cotidiano escolar e do trabalho.

Nesse caderno, que é chamado *cahier de bord* ou simplesmente *caderno a mão* ou *diário*, a cada dia e tantas vezes se faça necessário, tudo que diz respeito ao tema de estudo deve ser registrado. As ideias para formulação do título do projeto, elaboração dos objetivos, hipóteses, leituras de livros, artigos, revistas que possam facilitar a fundamentação teórica, a construção dos instrumentos de pesquisa, definição da metodologia e possível delimitação da pesquisa de campo. Essas anotações devem ser aperfeiçoadas e jamais se deve apagar uma ideia ou registro anterior à nova sistematização dessas ideias e leituras, pois esse procedimento em muito ajudará na elaboração e operacionalização do projeto acadêmico.

Também se recomenda criar um arquivo no computador com o título de Referências[2] e, a partir do início dos estudos, começar a digitar toda referência bibliográfica seguindo rigorosamente as normas da Associação Brasileira de Normas Técnicas (ABNT). Este procedimento vai contribuir para que se reduza o tempo para o fechamento da monografia, dissertação ou tese.

O passo seguinte é o que se recomenda para construção do marco teórico, conforme item 4 desse capítulo.

1.2 Hipótese(s)

Em um trabalho de pesquisa, a *hipótese* pode ser considerada como o *guia* de todo procedimento metodológico. O leitor(a) desse livro poderá até levantar o seguinte questionamento: *como é possível se falar em hipótese em uma abordagem qualitativa?* Seguramente isso é possível porque, ao iniciarmos um estudo, uma pesquisa, fazemos *suposições* quanto à reta final de nosso estudo e/ou trabalho acadêmico. Por isso, em pesquisa, devemos levantar hipótese(s) que nos permita(m) delinear os objetivos, a fundamentação teórica e a construção de instrumentais de pesquisa.

2. Existe uma diferença entre Bibliografia e Referências. Todas as leituras realizadas e as possíveis consultas a diversos autores ou textos, artigos, revistas, documentos que dizem respeito ao tema em estudo, e que não são citadas na construção de textos, relatórios, conferências, palestras e preparação de aulas, recebem a denominação de *Bibliografia*. As *Referências* são pertinentes às citações que são transcritas e trabalhadas na construção das monografias, dissertações, teses e artigos científicos.

Etimologicamente, o termo hipótese vem do grego *hyphotesis*, que significa "trabalho de base, fundamento, por, sob, ou, mais precisamente, algo não provado, mas assumido como propósito de argumento" (TURATO, 2003, p. 136). Logo, a hipótese deve ser vista como algo para que se deseje buscar fundamentos a fim de se chegar à *comprovação ou não* do que se pretende estudar e sobre o que se pressupõe um determinado resultado, com base na realidade empírica. É a forma preliminar como percebemos os fatos, objetos e fenômenos. Muitos autores preferem usar o termo *pressuposto* em vez do vocábulo hipótese, que, a nosso ver, tem o mesmo significado, visto que *pressuposto*, no dicionário Aurélio (1988, p. 527), quer dizer "pressuposição, conjectura, circunstância ou fato considerado como antecedente necessário de outro".

Por assim pensar, mesmo tendo enunciado isto em nossa obra anterior, cujo título é *Como fazer projetos, relatórios, monografias, dissertações e teses*, acreditamos ser oportuno repetir: "qualquer investigação pressupõe o levantamento de hipótese(s), muito embora nos estudos de caráter meramente exploratório ou descritivo seja opcional sua explicitação formal" (OLIVEIRA, 2003, p. 43-44).

Como bem nos assinala Sílvio Oliveira (2000), "a utilização de uma hipótese é necessária para que a pesquisa apresente resultados úteis, atinja níveis de interpretação mais altos, principalmente nas dissertações e teses" (p. 156). Portanto, faz-se necessário entender que *hipótese* em um trabalho científico é a *suposição* que se faz na tentativa de *explicar* o que se desconhece e que se pretende demonstrar testando variáveis, que poderão legitimar ou não o que se quer explicar, descobrir. A principal função de uma hipótese é sugerir explicações para os fatos. Sendo uma suposta resposta ao problema que se vai estudar, a hipótese conduz a uma verificação empírica. Essa antecipação do conhecimento, que é *provisória*, após a realização da pesquisa, poderá ser confirmada ou rejeitada.

Portanto, o pesquisador(a) não deve ficar receoso(a) quanto à não confirmação de sua(s) hipótese(s), pois é absolutamente normal a *confirmação ou não* de uma hipótese. Isso porque não deve existir *manipulação*, deixando-se simplesmente que os dados sejam resultados do que realmente pensam os informantes, sem nenhum *achismo* por parte do pesquisador(a), porque é a *realidade* que fala e não *o que pensa* o pesquisador(a).

Muito embora, em trabalhos meramente exploratórios ou descritivos, a hipótese possa ser opcional, o guia do pesquisador(a) passa a ser os objetivos que foram formulados. Nesses casos, eles passam a ter a denominação de *hipóteses de trabalho*. Em um trabalho científico, trabalhar com mais de duas hipóteses é bastante complicado. Por isso, é recomendável se trabalhar com apenas uma hipótese, ou, no máximo, duas. Uma hipótese bem formulada dá conta de um estudo científico, porque requer um estudo aprofundado da realidade.

Quanto à formulação de hipóteses não existe nenhum padrão, no entanto é necessário que toda hipótese seja formulada com base na fundamentação teórica da pesquisa. Somente a título de ilustração formulamos, como exemplo de uma pesquisa sobre Educação Continuada, a seguinte hipótese:

- A Formação Continuada dos professores(as) do Ensino Médio na Escola Alternativa permitirá uma educação de qualidade, preparando melhor os jovens para o mercado de trabalho.

Por fim, chamamos a atenção do leitor(a) para que a hipótese seja formulada de forma direta, numa linguagem bastante objetiva. Sendo opcional, a hipótese poderá ser explícita na digitação do texto, ou simplesmente constar na introdução do projeto de pesquisa como *pressuposto*. Fazemos essa recomendação para que o principiante em pesquisa vislumbre a possibilidade de que o estudo criterioso de seu objeto de estudo pode apresentar, como resultado final, a confirmação ou não de sua dúvida inicial, que está alicerçada na falta de explicações teóricas e dados da realidade empírica.

1.3 Variáveis

Entenda-se como *variáveis* os aspectos, propriedades, características, fatores, quantidades, qualidades, fenômenos, peso e formas que decorrem das hipóteses, podendo ou não ser mensuráveis e testadas. Melhor dizendo, a hipótese é uma *relação de variáveis* e essas podem ser *dependentes* e *independentes*.

A *variável independente* existe naturalmente em decorrência da hipótese, podendo influenciar outra variável provocando uma relação causal. Exemplificando: Hoje vai ter jogo de futebol e haverá gols. Hoje vai ter jogo de futebol e teremos rivalidades entre os torcedores. Gols e rivalidades são as variáveis resultantes do jogo de futebol (hipótese). Logo, só haverá gols e rivalidades se houver jogo de futebol.

A *variável dependente* sofre ação da *variável independente*. Por exemplo: hoje vai haver um jogo amistoso de futebol e não haverá gols. Hoje haverá um jogo amistoso de futebol e haverá uma festa no estádio. As variáveis *gols* e *festa* são elementos que servirão para o pesquisador(a) explicar ou encontrar as respostas quanto à existência ou não de gols e a realização ou não da festa.

Ainda segundo Sílvio Oliveira (2000, p. 87), "as propriedades de causa e efeito, na pesquisa científica, requerem a existência de uma variável – *causa* – determinante que se converte em condição para a existência da outra – *efeito*". Assim, é preciso entender que as hipóteses são enunciados gerais de relação entre variáveis, e que o pesquisador(a) poderá comprovar ou não sua hipótese, analisando as variáveis, fazendo observações, experimentos, realizando pesquisa de campo (levantamento de dados) e, se for o caso, realizando testes.

1.4 Construção do conhecimento

Para enveredar pela construção de um novo conhecimento, antes de tudo, é preciso ter *atitude científica*. Essa deve ser entendida "como princípio do pensamento e da reflexão que norteia a compreensão e a construção da ciência; bem como o sentido profundo para o qual a ciência deve apontar" (TURATO, 2003, p. 43).

Essa atitude científica deve ser destituída de preconceitos e juízos preestabelecidos, visto que, para se construir um novo conhecimento, deve-se colocar-se em *atitude de aprendizagem*, de querer descobrir o novo, de procurar encontrar fundamentos para esclarecer dúvidas inerentes aos fatos, pessoas, objetos e fenômenos da natureza para os quais ainda não se tem resposta, tanto no domínio empírico como no teórico.

A construção do conhecimento é um diálogo que se estabelece com os autores escolhidos, visando dar sustentação teórica ao tema em estudo. Para essa construção, primeiramente deve-se fazer a revisão de literatura através de uma seleção criteriosa de autores(as) que trabalhem especificamente com a temática que se pretende estudar.

A seguir, com base nas marcas ou grifos nos livros e/ou fichas de resumo que foram feitas quando da leitura dos livros e textos científicos, deve-se começar a digitar frases que sintetizem o que se conseguiu assimilar e, sistematicamente, citar autores(as), destacando frases e fazendo uma reflexão sobre elas para interpretá-las mediante o confronto com a realidade empírica.

É esse procedimento que facilita a construção da fundamentação teórica de uma monografia, dissertação, tese e artigos científicos. Não se deve esquecer, porém, que essa construção deve ter um encadeamento lógico, ou seja, precisa-se conectar parágrafos e capítulos. A título de sugestão apresentamos, no Apêndice B, um modelo de construção teórica, em que destacamos diferentes formas de citações e conexões de parágrafos.

No processo de construção do conhecimento é preciso ter presente que, no milênio em que nos encontramos, o estudo da realidade cósmica deve ser feito através de um novo *paradigma*, o *sistêmico*. Ou seja, a visão fragmentada do cartesianismo[3] cede lugar a uma visão mais ampla de múltiplas conexões, a partir das quais a visão de mundo deve ser analisada de forma integral, percebendo-se a realidade empírica dentro de um conjunto, no qual as partes estão intrinsecamente imbricadas no todo.

Como bem nos assinala Oliveira Santos (2000), na contemporaneidade, "o holismo despontou como uma necessidade de construção de um novo paradigma para a ciência, onde a visão de mundo se concentre no conjunto, com as partes se complementando na totalidade" (p. 41).

Dessa forma, na construção do conhecimento, ter uma postura holística e sistêmica é de vital importância, uma vez

3. O cartesianismo de Descartes fragmentou a ciência em campos estanques, como das ciências exatas, humanas, biológicas, etc.

que a vida é dinâmica e tudo se desenvolve dentro de um processo dialético. A título de ilustração, tomemos como exemplo o Projeto Genoma, que vem sendo trabalhado dentro desse tipo de visão, onde o conhecimento de várias ciências como a física, química, biologia, informática e muitas outras ciências são imprescindíveis para o desenvolvimento de novas tecnologias e, consequentemente, para a produção de novos conhecimentos.

1.5 Neutralidade científica

A neutralidade científica pressupõe que o autor evite ao máximo a subjetividade, ou seja, ele deve manter-se distante de suas emoções durante a construção do conhecimento e precisa evitar o "achismo" para não interferir nos resultados da pesquisa. Nesse sentido, Cruz e Ribeiro (2003) afirmam: "É preciso que o pesquisador tenha consciência da possibilidade de sua formação moral, religiosa, cultural e de sua crença de valores para que os resultados da pesquisa não sejam influenciados além do aceitável" (p. 30-31).

Produzir ciência é um ato possível a todos que buscam explicações para melhor entendimento da realidade empírica; não é privilégio somente dos sábios e iluminados. Até porque, etimologicamente, *ciência* quer dizer *conhecimento* e implica racionalidade, objetividade, sistematização de ideias e possibilidade de verificação e demonstração através das informações obtidas no processo de estudo e/ou pesquisa, independentemente do ponto de vista do pesquisador. Mais uma vez lembramos ao principiante em pesquisa que é a realidade empírica que nos fala seja através da fala dos atores sociais ou de fatos e fenômenos observados e ou testados, e não o que pensamos sobre o objeto de estudo.

1.6 *Ética e estética*

É fundamental que todo aquele(a) que se propõe a construir um novo conhecimento dispense uma especial atenção à *ética* e à *estética*. Quando falamos de ética, estamos nos referindo aos cuidados iniciais em conhecer o código de ética de cada universidade, faculdade, departamento ou ainda escolas, empresas, institutos educacionais e/ou instituições oficiais e particulares, ou de entidades de fomento à pesquisa, onde se pretende realizar esta pesquisa.

Uma vez tomada a decisão de se fazer uma pesquisa com um tema bem delimitado, é necessária uma comunicação oficial à direção da instituição onde se pretende realizar a pesquisa de campo e o conhecimento do código de ética dessa instituição. Além da comunicação oficial, é preciso solicitar autorização (se for o caso) quanto à possibilidade de citar, no trabalho acadêmico (monografia, dissertação e tese), o nome dessa entidade.

É importante que se deixe bem claro e acordado com essas autoridades e os atores sociais que serão contatados para responder questionários e serem entrevistados, que existirá o compromisso formal da garantia do *sigilo* quanto aos dados coletados. Esse compromisso poderá ser oficializado através de uma negociação e ser conjuntamente elaborado em forma de um *contrato*.

Nesse documento, na última cláusula deve constar o compromisso do pesquisador(a) quanto à entrega formal de um exemplar do *relatório* da pesquisa (monografia, dissertação ou tese). Sendo possível, recomenda-se que se planeje uma reunião com as pessoas que foram envolvidas na pesquisa, onde o pesquisador(a) apresentará o resultado dos seus estudos.

Quanto à *estética*, chamamos a atenção para a digitação do texto conforme as normas da ABNT, evitando-se ao máximo a *poluição visual*, ou seja, a inclusão de figuras e imagens em excesso e sem a devida formatação para uma boa distribuição na folha de digitação do texto (papel A 4) quanto às tabelas, gráficos, fotografias. Recomenda-se, ainda, a *não* utilização de *moldura* no texto digitado. A sobriedade e leveza são sempre bem-vindas na construção e apresentação de trabalhos científicos. Isso é bonito e estético.

Também é recomendável não abusar de notas de rodapé, evitando-se assim a dispersão durante a leitura do texto. Essas notas devem ser utilizadas para *explicações* de termos técnicos ou *esclarecimentos* de determinadas frases. Muito embora se possa fazer alguma citação bibliográfica, é recomendável que todas as citações fiquem no item Referências.

1.7 Pesquisa qualitativa

São muitas as interpretações que se tem dado à expressão *pesquisa qualitativa* e atualmente se dá preferência à expressão *abordagem qualitativa*. Entre os mais diversos significados, conceituamos *abordagem qualitativa* ou *pesquisa qualitativa* como sendo um processo de reflexão e análise da realidade através da utilização de métodos e técnicas para compreensão detalhada do objeto de estudo em seu contexto histórico e/ou segundo sua estruturação. Esse processo implica em estudos segundo a literatura pertinente ao tema, observações, aplicação de questionários, entrevistas e análise de dados, que deve ser apresentada de forma descritiva.

Para uma abordagem qualitativa recomenda-se aos iniciantes em pesquisa clareza quanto à necessidade de se adentrar em estudos que permitam diagnosticar em profundidade a realidade a ser pesquisada. Para realizar esse estudo é importante que já se tenha clareza quanto ao objeto de pesquisa, ou seja, quanto ao tema a ser estudado. Para isso, apresentamos um quadro conceitual (figura 1), no qual se pode verificar que é importante conhecer o contexto histórico através da análise de documentos, seguindo-se de observações sistemáticas, realização de entrevistas e aplicação de questionários.

Figura 1
Quadro conceitual para abordagem qualitativa

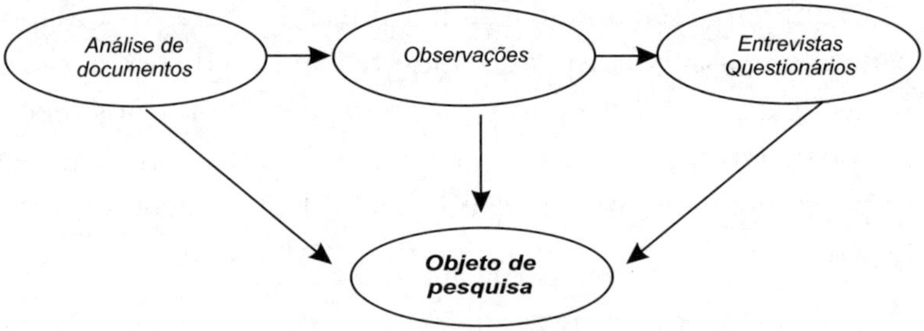

Em pesquisas de abordagem qualitativa todos os fatos e fenômenos são significativos e relevantes, e são trabalhados através das principais técnicas: entrevistas, observações, análise de conteúdo, estudo de caso e estudos etnográficos[4] (MARTINELLI, 1999, p. 24).

1.7.1 Principais características

Segundo Godoy (1996, p. 62), a pesquisa qualitativa apresenta quatro principais características:

4. Entenda-se *etnografia* como estudo descritivo de grupos de pessoas quanto as suas características antropológicas, sociais, políticas, econômicas e educacionais.

1. Ambiente natural como fonte direta de dados, e o pesquisador como instrumento fundamental;
2. caráter descritivo;
3. significado que as pessoas dão às coisas e à sua vida, que deve ser uma preocupação do investigador;
4. enfoque indutivo.

Por isso, para se fazer uma pesquisa dentro de uma abordagem qualitativa, é preciso delimitar espaço e tempo ou, mais precisamente, faz-se necessário o *corte epistemológico* para realização do estudo segundo um corte temporal-espacial (período, data e lugar). A análise descritiva é recomendável desde a definição do objeto de estudo, passando pela delimitação do lugar, tempo, revisão de literatura e coleta de dados. Para melhor entendimento da abordagem qualitativa, no sexto capítulo fazemos um detalhamento através de exemplificações, em que tratamos especificamente da *metodologia interativa* como uma nova proposta metodológica.

1.7.2 Interatividade entre dados qualitativos e quantitativos

Adotar a prática de combinar técnicas de análise quantitativa com técnicas de análise qualitativa proporciona maior nível de *credibilidade* e *validade* aos resultados da pesquisa evitando-se, assim, o reducionismo por uma só opção de análise. Por isso Duffy (1987) apresenta os seguintes benefícios quanto ao emprego conjunto de técnicas quantitativas e qualitativas na análise de dados:

1. Possibilidade de congregar controle dos vieses (pelos métodos quantitativos) com compreensão da perspecti-

va dos agentes envolvidos no fenômeno (pelos métodos qualitativos);

2. possibilidade de congregar identificação de variáveis específicas (pelos métodos quantitativos) com uma visão global do fenômeno (pelos métodos qualitativos);
3. possibilidade de completar um conjunto de fatos e causas associados ao emprego de metodologia quantitativa com uma visão da natureza dinâmica da realidade;
4. possibilidade de enriquecer constatações obtidas sob condições controladas com dados obtidos dentro do contexto natural de sua ocorrência;
5. possibilidade de reafirmar validade e confiabilidade das descobertas pelo emprego de técnicas diferenciadas.

Levando-se em consideração tais benefícios, pode-se chegar à seguinte afirmativa: fazer pesquisa não é acumular dados e quantificá-los, mas analisar *causas* e *efeitos*, contextualizando-os no tempo e no espaço, dentro de uma concepção sistêmica. Assim procedendo, vamos encontrar em Milles (1979) uma contundente afirmação quanto à análise conjunta de dados quantitativos e qualitativos: "esses dados são considerados mais ricos, completos, globais e reais" (p. 590).

Capítulo 2

Metodologia, métodos e técnicas

Em pesquisa, a metodologia pressupõe a escolha de um tema. Cabe, então, perguntar: o que é um tema, um problema e/ou objeto de pesquisa? A resposta é simples: um problema de pesquisa é um *fato*, um *objeto* ou *fenômeno*, que por não estar devidamente explicado, nem por uma teoria, e tampouco pela prática, nos motiva a realizar um estudo. Esse estudo visa a uma sistematização através de *fundamentações* com base na realidade e à luz de *conhecimentos* já produzidos. Ou seja, é a tentativa de encontrar uma explicação através da coleta de dados na realidade empírica, realizando um estudo aprofundado através da sistematização de conhecimentos já existentes e de novas descobertas através da realização de pesquisas.

2. BUSCANDO DEFINIÇÕES

Para Legendre (1993), "a metodologia é um conjunto de métodos utilizados dentro de um determinado setor de atividades" (p. 845). Nessa perspectiva, pode-se dizer que a metodologia de pesquisa compreende a utilização de método(s) e que pressupõe o estabelecimento de procedimentos didáticos, metodológicos e técnicos. Para dar respaldo a essa posição, vamos encontrar em Maren (1995) a seguinte definição: "a metodologia de pesquisa trata de estudos e pesquisas através da utilização de métodos e discursos. É um conjunto de operações sistematizadas e racionalmente encadeadas" (p. 112).

Segundo esse autor, podemos afirmar que em pesquisa não se deve utilizar apenas um método, uma vez que a metodologia de pesquisa necessita analisar, de diferentes formas, os dados da realidade. Logo, é possível a utilização de mais de um método para se explicar uma determinada realidade, bem como a aplicação de vários instrumentos ou técnicas na operacionalização de uma pesquisa.

Entenda-se como metodologia de pesquisa um *processo* que se inicia desde a disposição inicial de se escolher um determinado tema para pesquisar até a análise dos dados com as recomendações para minimização ou solução do problema pesquisado. Portanto, metodologia é um processo que engloba um conjunto de métodos e técnicas para ensinar, analisar, conhecer a realidade e produzir novos conhecimentos.

Inicialmente, quando se busca um objeto e/ou problema de pesquisa, a sensação que se tem é a de que se vai buscar uma infinidade de respostas, enveredando por um emaranhado de caminhos e que, muitas vezes, não se sabe por onde começar e nem como terminar. Isso é absolutamente normal até que se comece a *afunilar* o problema de pesquisa. Para uma melhor definição do objeto ou problema de pesquisa, sugerimos fazer uma série de questionamentos:

- Por que é importante estudar este tema?
- Qual a importância que este tema tem para minha vida profissional e acadêmica?
- Quais são os meus referenciais teóricos? (Bibliografia pertinente ao tema de estudo).
- *Como, quando* e *onde* estudar este tema?
- Qual a relevância e *contribuição* deste tema para o avanço do conhecimento?

Recomendamos que o iniciante em pesquisa procure responder as questões acima de *forma mais simples possível*, como se estivesse se comunicando por escrito com uma pessoa muito querida, sem nenhuma preocupação com o que está digitando, apenas dando asas à imaginação, com base no que está pensando. Uma vez encontrada as respostas para esses questionamentos, é preciso escolher um *título provisório*[5] para o tema que se pretende estudar e pesquisar. Assim procedendo, podemos assegurar que um grande passo já foi dado, e o leitor(a) vai percebendo que as respostas dadas ao questionamento servem como referenciais para estruturação do seu projeto acadêmico, tais como: elaboração dos objetivos, hipótese(s), fundamentação teórica e metodologia.

Nessa direção, pedimos permissão ao leitor(a) para oferecer uma *imagem* cheia de simbolismo na tentativa de se fazer uma reflexão para iniciar e dar, com tranquilidade, todos os

5. Ao delinear o objeto de estudo (tema de pesquisa), é importante a escolha provisória de um tema, que ao longo dos estudos vai sofrendo modificações, e somente após a conclusão da pesquisa é que de fato se tem o título definitivo da monografia, dissertação ou tese.

passos que se fazem necessários para construção de um novo conhecimento.

Portanto, vamos pensar que estamos em uma imensa *floresta* e, diante de tantas árvores, não sabemos como escolher apenas uma para realizar um estudo mais aprofundado de uma determinada espécie. Uma vez escolhida a *árvore*, damo-nos conta de que ela é frondosa, ou seja, contém muitas folhas, e que, por conta disso, não sabemos como iniciar nosso estudo, pois é difícil contar e analisar tantas folhas e não sabemos por onde começar nosso estudo. Então é recomendável escolhermos apenas uma *folha*, para estudá-la nos mínimos detalhes.

Assim procedendo, com certeza, teremos, no final de nosso estudo e análise, uma explicação da totalidade das folhas que compõem nossa árvore. Logo, chegaremos ao ponto de partida, a *floresta* em sua totalidade, passando pela escolha de uma *árvore*, e selecionando apenas uma *folha* que, nesse caso, é o detalhe, ou seja, o *objeto de pesquisa*.

Digamos que a floresta, com tantas árvores, simboliza o turbilhão de ideias sobre as quais temos a ingênua pretensão de trabalhar. Com certeza, isso não é possível; portanto, pensemos melhor em nosso problema e selecionemos apenas uma *árvore* que, nessa nossa imagem, é o *problema* e/ou *objeto de pesquisa*.

Uma vez escolhida a *árvore*, vamos nos fixar em apenas uma *folha*, que simboliza uma *amostra* da totalidade. Assim, façamos o *afunilamento* dos nossos questionamentos iniciais e chegaremos ao delineamento do nosso objeto de pesquisa. Ou seja, a partir de um *detalhe* podemos encontrar explicações que facilitam o entendimento da *totalidade* do nosso problema de pesquisa, em seu contexto real e histórico.

Uma vez definido com clareza o nosso *objeto de pesquisa*, vamos pensar na metodologia ou no processo metodológico para realizar nosso estudo. Portanto, fazemos a escolha do(s) método(s) e da(s) técnica(s) ou instrumentais de pesquisa (questionários, entrevistas, planilhas) com que iremos trabalhar no processo de nosso estudo.

2.1 *Metodologia*

A escolha de um tema de pesquisa requer uma série de critérios, a começar pela *disciplina* quanto ao tempo que se deve dedicar aos estudos. Segundo Santos (2001), a escolha adequada de um tema de pesquisa depende:

> [...] do gosto pessoal, preparo técnico e tempo disponível. Um tema da preferência do pesquisador gera empatia, entusiasmo e favorece a perseverança. A formação cultural e a vivência pessoal garantirão o início bem-sucedido do processo de busca (p. 50).

Isso porque a escolha de um tema de pesquisa deve ser relevante para o pesquisador(a) e trazer uma contribuição para o avanço do conhecimento. Uma pesquisa de sucesso depende da boa definição de um tema, do gosto em estudar tal problemática, da clareza do trajeto a ser feito durante as diferentes etapas da pesquisa. É preciso *gostar do tema*. Para isso, ele deve estar relacionado com a nossa vida, nossas experiências. É necessário que sintamos prazer em estudar e aprofundar tal tema para nosso crescimento pessoal e, ao mesmo tempo, para o desenvolvimento de novos conhecimentos.

Acreditamos que o leitor(a) já se deu conta de que a escolha do tema é o passo inicial da metodologia da pesquisa. Para avançar nesse entendimento é preciso ter bem claro que o estudo do tema depende da existência de fontes que podem ser resumidas em duas vertentes: a *revisão da literatura* e um determinado *campo da realidade empírica* para se fazer a pesquisa de dados.

Portanto, em se tratando de pesquisa, a metodologia compreende um conjunto de operações que devem ser sistematizadas e trabalhadas com consistência a partir dos seguintes procedimentos:

- clareza na colocação do problema;
- atendimento aos objetivos preestabelecidos;
- consistente revisão de literatura para construção do quadro teórico;
- escolha adequada dos instrumentos e/ou técnicas de pesquisa;
- definição de um cronograma das atividades;
- coleta e análise dos dados;
- conclusão com recomendações.

Também criamos um *simbolismo* para dizer que uma pesquisa deve *ser redondinha*, como uma *circunferência*. Vejamos: para se desenhar uma circunferência é preciso utilizar um compasso com o qual se fixa um *ponto*, escolhendo o tamanho do *diâmetro* e, com firmeza, se vai desenhando a circunferência, até o seu fechamento, onde dois pontos se encontram.

Uma monografia, dissertação ou tese deve então começar pela definição clara do *objeto de estudo* (ponto de partida) que precisa ser trabalhado de forma concisa, em *perfeita sintonia* com a definição de objetivos, hipótese(s), fundamentação teórica, metodologia, pesquisa na realidade empírica, sistematização e análise dos dados.

Toda essa trajetória visa oferecer sugestões e/ou subsídios para o desenvolvimento mais harmonioso do objeto de estudo e para que se possa contribuir para a reconstrução e construção de novos conhecimentos. Desse modo, com certeza estamos realizando um estudo convergente ou *redondinho*, sem arestas e quase tão perfeito como uma circunferência.

2.2 *Método(s)*

Etimologicamente, a palavra método deriva do latim *methodus* e do grego *methodos*, cujo significado é "caminho através do qual se procura chegar a algo ou um modo de fazer algo" (TURATO, p. 149).

Sendo assim, o método de pesquisa deve ser entendido numa perspectiva ampla, como sendo o *caminho* escolhido para atingir os objetivos preestabelecidos na elaboração do projeto de pesquisa. É ainda Turato que nos afirma:

> O método científico é o modo pelo qual os estudiosos constroem seus conhecimentos no campo da ciência, sendo compreensível que, na realidade, o método seja basicamente (filosoficamente) único para todos os saberes (p. 149).

Em se tratando de construção do conhecimento, é bom lembrar que a opção por um método qualitativo não invalida a utilização de alguns dados quantitativos, uma vez que, dependendo do objeto de estudo, é importante que se reforce a análise dos dados em termos comparativos, seja por meio de números que representem com clareza a realidade estudada (OLIVEIRA, p. 58).

Para Marilena Chauí (1994), "o método significa uma investigação que segue um modo ou uma maneira planejada e determinada para conhecer alguma coisa; procedimento racional para o conhecimento seguindo um percurso fixado" (p. 354). Nesse sentido, o método pressupõe um planejamento, com a utilização de instrumentos adequados (técnicas), para consecução dos objetivos predeterminados.

Entendemos o método como sendo um *procedimento adequado* para estudar ou explicar um determinado problema. Para esse estudo ou explicação faz-se necessária a utilização de *técnicas*, visando atingir os objetivos preestabelecidos. Em outras palavras, o método é o *caminho* que se deve percorrer para consecução de nossos objetivos.

À guisa de introdução aos dois subitens a seguir é importante entender que tanto a *dedução* como a *indução* são formas de raciocinar, argumentar e de refletir (CRUZ; RIBEIRO, 2003).

2.2.1 Método dedutivo

De acordo com os estudos clássicos, o método dedutivo é sempre definido como sendo o procedimento de estudo que vai do geral para o particular ou, melhor dizendo, parte-se dos princípios já reconhecidos como verdadeiros e indiscutíveis para se chegar a determinadas conclusões. Tomemos como exemplo a premissa: *Todo homem é mortal. Antônio é homem. Logo, Antônio é mortal.*

Esse tipo de raciocínio é meramente formal, tendo sido utilizado pelos racionalistas Descartes, Spinoza e Leibniz, que afirmavam ser a razão a única forma de se chegar ao conhecimento verdadeiro. Para esses filósofos, o conhecimento decorre de *princípios a priori*, evidentes e irrefutáveis.

A utilização do método dedutivo nos leva a partir do que já é conhecido para o desconhecido. Pode-se afirmar que, nesse caso, a margem de erro é quase nula, uma vez que a conclusão do estudo não deve extrapolar as premissas.

O método dedutivo é bastante utilizado na física e na matemática, cujos princípios são anunciados como leis. Tomemos como exemplo o que nos diz Gil (1999) ao falar da *lei da gravitação universal*: "a matéria atrai matéria na razão proporcional às massas e ao quadrado da distância" (p. 28). Logo, a partir dessa afirmativa, podemos chegar a inúmeras conclusões e dificilmente levantaremos alguma dúvida.

A maior crítica que se faz ao método dedutivo se refere ao caráter apriorístico do seu raciocínio, cuja aplicabilidade no domínio das ciências sociais é de uso bastante restrito.

2.2.2 Método indutivo

Prioritariamente é atribuído a Francis Bacon (1596-1680). A aplicabilidade sistematizada do método indutivo compreende a observação e a experimentação dos fenômenos estudados. Mas, segundo Izequias Santos (2003), o método indutivo é um processo que ocorre em três fases:

> A observação dos fenômenos, a descoberta da relação e a generalização da relação. Na primeira fase é feita a observação dos fatos ou fenômenos, a análise para descoberta e explicação das causas de sua ocorrência. Na fase seguinte à da descoberta da relação é feita entre conhecer a relação entre fatos ou fenômenos. Na terceira fase, generaliza-se o que existe de comum entre fenômenos iguais, inclusive daqueles que não foram observados (p. 179).

Nesse sentido pode-se verificar que a indução vai do particular para o geral para se tirar conclusões. Levando-se em consideração que a ciência está em constante evolução, o método indutivo é muito importante, visto que seu ponto de partida é a observação dos fatos e dos fenômenos da realidade objetiva. Nessa perspectiva, Sílvio Oliveira (2000) afirma que o indutivo é o método fundamental das ciências naturais e sociais: "A indução não é um raciocínio único: ela compreende um conjunto de procedimentos, uns empíricos, outros lógicos e outros indutivos" (p. 61).

Portanto, o método indutivo é uma ferramenta que conduz o pesquisador(a) a observar a realidade para fazer seus experimentos e tirar suas conclusões, sendo por isso um método bastante usado nas ciências em geral.

2.2.3 Método hipotético-dedutivo

Esse método foi desenvolvido por Karl Popper (1975) a partir da crítica que ele fez ao método indutivo, por acreditar que a indução não se justifica, visto que as observações de fatos isolados devem levar ao infinito, o que não é possível. Segundo esse autor, todo problema deve ser investigado de maneira crítica e racional através de conjecturas e hipóteses (p. 307-308). Daí se explica o método hipotético-dedutivo, para cuja utilização, segundo Kaplan (1972), é necessário que:

> [...] o cientista através de uma combinação de observação cuidadosa, hábil, antecipações e intuição científica, alcança um conjunto de postulados que governam os fenômenos pelos quais está interessado, daí deduz ele as consequências por meio da experimentação e, dessa maneira, refuta os postulados, substituindo-os, quando necessário, por outros e assim prossegue (p. 12).

Isso significa que o método hipotético-dedutivo parte de um problema da realidade empírica, levanta hipótese(s) ou conjecturas que, por sua vez, são testadas pela experimentação, para chegar a determinadas conclusões.

2.2.4 Método dialético

A dialética entendida como diálogo existe desde os primórdios da civilização. Vamos encontrá-la registrada nas colônias gregas, a partir dos filósofos pré-socráticos nos séculos VI e V a.C. Para melhor entendimento, ao fazermos uma ligeira retrospectiva da evolução do pensamento dialético, pretendemos oferecer um rápido referencial ao neopesquisador(a) para que ele possa entender com melhor clareza o que vem a ser o método dialético. Assim, com base em Izequias Santos (2003, p. 180) e Bornheim (1981, p. 35-53), a evolução da dialética pode ser assim sistematizada:

- Heráclito de Éfeso – 504 e 500 a.C.: os aspectos fundamentais de sua doutrina são:
- A afirmação da unidade fundamental de todas as coisas;
- Todas as coisas estão em movimento;
- O movimento se processa através do contrário;
- O fogo é gerador do processo cósmico;
- O *Logos* é compreendido como inteligência divina que governa o real;
- A sabedoria humana liga-se ao *Logos*.
- O conhecimento sensível é enganador e deve ser superado pela razão.

Além desses fragmentos da doutrina de Heráclito, merece especial destaque a afirmação de que "tudo se faz por contraste; da luta dos contrários nasce a mais bela harmonia". Portanto, o princípio fundamental da dialética deve-se aos ensinamentos desse filósofo, que marcou a história da humanidade com a célebre frase: "uma pessoa não pode banhar-se duas vezes em um rio, porque tanto a pessoa como o rio sofre alterações com o tempo". Aqui se encontra o princípio da mutação que, para Heráclito, processa-se pelo conflito na luta dos contrários.

- *Parmênides de Eleia* – 475 a.C. Esse filósofo escreveu através de poemas o processo das mudanças e foi o primeiro sábio a demonstrar a *esfericidade* da Terra e sua *posição* no centro do mundo.

- *Aristóteles*. Esse filósofo ensinou, em sua Academia, os princípios da dialética com base nos chamados filósofos pré-socráticos. Mas, paradoxalmente, faltou sustentabilidade para sua metafísica pela ausência da dialética.
- *Montaigne* e *Diderot* (séculos XVI e XVII). Ambos defenderam com veemência os princípios da dialética também com base na filosofia dos pré-socráticos e deram uma grande contribuição para a evolução do conhecimento.
- *Hegel* – Por sua vez, esse filósofo deu sua contribuição para a evolução da dialética ao afirmar que "tudo no universo interage".
- *Hegel* e *Marx* deram um grande passo quanto aos princípios da dialética. Segundo eles, na *vida* e no *universo*, nada é mais importante que a *matéria*, ou seja, negaram a existência do espírito. Defenderam a ideia de que todo ser humano é natural e concreto, sendo movido pelos conflitos. Seus princípios são assim resumidos: "tudo se relaciona, tudo se transforma, mudança qualitativa e luta dos contrários".

E, agora, seria o momento do leitor(a) nos perguntar: "afinal, em se tratando de pesquisa, o que vem a ser o método dialético?" Para dar esse conceito é preciso registrar que a dialética nos fornece os fundamentos para fazermos um estudo em profundidade, visto que *o método dialético requer o estudo da realidade em seu movimento, analisando as partes em constante relação com a totalidade.* Nessa perspectiva, queremos dizer que, em pesquisa qualitativa, além de ser recomendável a utilização dos fundamentos da dialética, é preciso ter uma visão holística e sistêmica da realidade em estudo.

Também é interessante entender que, ao optar pela utilização do método dialético, deve-se levar em consideração as duas características essenciais dele. A elas se refere Richardson (1999, p. 46-47) quando afirma ser "o materialismo dialético a única corrente de interpretação dos fenômenos sociais que apresenta princípios, leis e categorias de análise". No método dialético, destacam-se como principais características:

- *Princípio da conexão universal dos objetos e fenômenos*

Nenhum objeto existe isolado, o homem não se basta a si mesmo, tudo está conectado, visto que os fenômenos da natureza estão interligados e se determinam mutuamente. O surgimento de um fenômeno, o seu desenvolvimento e a sua mudança, só são possíveis através das interações e conexões com outros fatos e fenômenos.

- *Princípio de movimento permanente e do desenvolvimento*

Tudo que existe no universo está em movimento. São as contradições internas que determinam o movimento de objetos e fenômenos. O desenvolvimento se dá na luta dos contrários, sendo resultado de acumulação de mudanças, tanto qualitativas como quantitativas, que ocasionam as transformações qualitativas.

Diante dessa breve resenha, acreditamos que o leitor(a) tem interesse em aprofundar os pressupostos do método dialético e, para isso, recomendamos uma leitura cuidadosa da obra *Ideologia alemã* de Engels e Marx, que consta nas referências deste livro.

2.2.5 Estudo de caso

Segundo Huberman (1991), Yin (2005) e Mucchielli (1996), o *estudo de caso* é uma estratégia metodológica do tipo exploratório, descritivo e interpretativo. Como bem nos assegura Maren (1995), o método de estudo de caso é eclético. Por essa razão, ele pode ser trabalhado através das mais variadas técnicas e de métodos que facilitam a compreensão do fenômeno a ser estudado (p. 239).

Para Yin (2005, p. 20) o método de estudo de caso facilita a compreensão de fenômenos sociais complexos e em geral se aplica com mais frequência às áreas das ciências humanas e sociais, destacando-se a psicologia, a sociologia, a ciência política, a economia e a administração. Para esse autor,

> O método de estudo de caso permite uma investigação para se preservar as características holísticas e significativas dos acontecimentos da vida real, tais como: ciclos de vida individuais, processos organizacionais e administrativos, mudanças ocorridas em regiões urbanas, relações internacionais e a maturação de setores econômicos.

Como se pode verificar nessa citação, o estudo de caso é um método eclético e se aplica em diferentes áreas de conhecimento, incluindo-se também as ciências naturais. Evidentemente a aplicação do método de estudo de caso deve ser utilizado para atender aos objetivos preestabelecidos pelos pesquisadores(as), como sendo um estudo aprofundado a fim de buscar fundamentos e explicações para determinado fato ou fenômeno da realidade empírica.

É preciso distinguir estudo de caso como *método de pesquisa* e estudo de caso como *estratégia didático-pedagógica*, ou ainda como simples registro de casos na medicina, no direito e no trabalho social.

Como método de *pesquisa acadêmica*, o estudo de caso deve ser aplicado dentro do rigor científico através do estabelecimento de objetivos, levantamento de hipóteses e utilização de técnicas para coleta e análise de dados.

Segundo Mucchielli (1996), existem três diferentes tipos para se utilizar o método de estudo de caso: *estudo de caso intrínseco* ou *estudo de caso único* (fato, objeto, fenômeno), *estudo de caso instrumental* (definido dentro de um modelo teórico) e o *estudo de caso múltiplo* (estudo entre duas ou mais realidades ou situações).

O *estudo de caso intrínseco ou único* trata de uma única realidade que pode ser estudada exaustivamente, na tentativa de se buscar novos elementos que possam explicar o objeto de estudo. O *estudo de caso instrumental* fundamenta-se em um determinado modelo teórico, no qual se pretende analisar diferentes fenômenos que possam corroborar ou não o modelo preestabelecido.

Para o *estudo de caso múltiplo*, a pesquisa utiliza mais de uma realidade para confrontar dados, visando buscar explicações e fundamentos para os fenômenos que caracterizam o objeto de estudo. Cita-se, como exemplo, o estudo de caso entre duas ou mais empresas de informática, ou um estudo entre escolas situadas em áreas urbanas e rurais (p. 79-80).

Ainda para Yin (2005), "o estudo de caso como estratégia de pesquisa compreende um método que abrange tudo – tratando da lógica de planejamento, das técnicas de coleta de dados e das abordagens específicas à análise dos mesmos" (p. 33). Nesse sentido, o estudo de caso é um método abrangente que permite se chegar a generalizações amplas baseadas em evidências e que facilita a compreensão da realidade.

Logo, é importante compreender que o método de estudo de caso é eclético, pois, além de ser uma estratégia de pesquisa, também é utilizado como prática pedagógica. Nesse sentido, vamos exemplificar o estudo de caso como *estratégia didático-pedagógica* para realização de um trabalho interdisciplinar.

Citamos como exemplo o fenômeno das pirâmides do Egito, a partir das quais se pretende trabalhar *matemática*, *química* e *história*. Os referenciais para a integração dessas disciplinas são: altura, lateralidade, utilização de máscaras (cosméticos), a preservação dos corpos (múmias) e as civilizações. Deixamos à imaginação dos leitores(as) o que seria possível realizar em termos de estudos e atividades escolares. Um outro exemplo seria na área do Direito, no qual é frequente a utilização da técnica de *júri simulado* através da *análise de casos*.

2.3 *Técnica(s)*

A *técnica* compreende a aplicação de instrumentais, regras e procedimentos que *facilitam* o processo ensino-aprendizagem e a construção do conhecimento. As técnicas utilizadas em pesquisas devem ser compreendidas como *meios específicos* para viabilizar a aplicação de método(s).

Segundo Dencker e Viá (2003), "as técnicas referem-se aos procedimentos concretos empregados pelo pesquisador para levantar os dados e as informações necessárias para esclarecer o problema que está pesquisando" (p. 37). Portanto, em pesquisa, as técnicas são instrumentos para coleta de dados e informações para se chegar a um melhor conhecimento da realidade em estudo. Remetemos o leitor(a) para o estudo detalhado das técnicas em pesquisa que estão trabalhadas, em detalhe, no quarto capítulo deste livro.

2.4 *Procedimento metodológico*

A utilização de métodos e técnicas em pesquisa está associada aos objetivos, hipóteses e aos fundamentos teóricos do objeto de estudo. Esse procedimento exige uma escolha criteriosa e sistemática para se fazer a descrição, explicação e análise de fatos e fenômenos. Esse procedimento se faz através da *abordagem qualitativa* e da *abordagem quantitativa*, ou ainda com aplicação simultânea desses dois tipos de abordagem para interpretação e análise do objeto de estudo.

Como é sabido, cada um desses *tipos* de abordagem apresenta sua característica específica quanto ao tratamento dos dados coletados, estando a abordagem quantitativa voltada para dados mensuráveis através da utilização de recursos e técnicas estatísticas. Já a abordagem qualitativa se preocupa com uma visão sistêmica do problema ou objeto de estudo. Tenta explicar a totalidade da realidade através do estudo da complexidade dos problemas sociopolíticos, econômicos, culturais, educacionais, e segundo determinadas peculiaridades de cada objeto de estudo.

Utilizar alguns dados quantitativos em uma pesquisa qualitativa é possível, visto que, face ao novo paradigma da ciência contemporânea, no processo de construção do conhecimento (epistemologia), deve-se incluir a descrição de todos os fenômenos naturais. E mais ainda, como nos diz Claudionor Oliveira (2000, p. 43), "as propriedades das partes só podem ser compreendidas a partir da dinâmica do todo". Esses dois tipos de abordagem não são excludentes, pois, na opção por uma pesquisa qualitativa, pode-se recorrer a dados quantitativos para melhor análise do tema em estudo e vice-versa.

2.4.1 Abordagem qualitativa

A pesquisa qualitativa pode ser caracterizada como sendo uma tentativa de se explicar em profundidade o significado e as características do resultado das informações obtidas através de entrevistas ou questões abertas, sem a mensuração quantitativa de características ou comportamento. Ainda segundo Sílvio Oliveira (1999, p. 117), as abordagens qualitativas facilitam descrever a complexidade de problemas e hipóteses, bem como analisar a interação entre variáveis, compreender e classificar determinados processos sociais, oferecer contribuições no processo das mudanças, criação ou formação de opiniões de determinados grupos e interpretação das particularidades dos comportamentos ou atitudes dos indivíduos. Também para esse autor, algumas situações de pesquisas envolvem conotações quantitativas e convergem em três aspectos:

1. Situações em que se evidencia a necessidade de substituir uma simples informação estatística por dados qualitativos. Isto se aplica, principalmente, à investigação sobre fatos do passado ou estudos referentes a grupos, dos quais se dispõe de pouca informação.

2. Situações em que observações qualitativas são usadas como indicadores do funcionamento de estruturas sociais.

3. Situações em que se manifesta a importância de uma abordagem qualitativa para efeito de compreender aspectos psicológicos, cujos dados não podem ser coletados de modo completo por outros métodos, devido a complexidade que envolve a pesquisa (p. 117).

A abordagem qualitativa facilita ainda a apresentação de resenhas, descrição detalhada dos fatos e fenômenos observados. No entanto, é preciso entender que as abordagens quantitativas e qualitativas não são excludentes e até diríamos que elas se complementam, visto que existem fatos que são do domínio quantitativo e outros de domínio qualitativo.

A pesquisa qualitativa pode ser caracterizada como sendo um estudo detalhado de um determinado fato, objeto, grupo de pessoas ou ator social e fenômenos da realidade. Esse procedimento visa buscar informações fidedignas para se explicar em profundidade o significado e as características de cada contexto em que encontra o objeto de pesquisa. Os dados podem ser obtidos através de uma pesquisa bibliográfica, entrevistas, questionários, planilhas e todo instrumento (técnica) que se faz necessário para obtenção de informações.

No entanto, em pesquisas de abordagem qualitativa, os dados estatísticos só devem ser utilizados quando visam dar maior precisão aos dados coletados que são analisados com base na realidade, nos objetivos, hipóteses e nos fundamentos teóricos preestabelecidos na construção do *projeto de pesquisa*.

A opção por uma abordagem qualitativa deve ter como principal fundamento a crença de que existe uma relação dinâmica entre o mundo real, objetivo, concreto e o sujeito; portanto, uma conexão entre a realidade cósmica e o homem, entre a objetividade e a subjetividade. Ou, mais precisamente, na abordagem qualitativa, o pesquisador(a) deve ser alguém que tenta interpretar a realidade dentro de uma visão complexa, holística e sistêmica, visto que, parafraseando Claudionor Oliveira (2000, p. 43), “todos os conceitos, teorias e descobertas são limitados e aproximados”. Esse tipo de postura se fundamenta no novo paradigma da ciência contemporânea, oposto ao antigo paradigma, que preconizava a verdade absoluta das coisas.

2.4.2 Abordagem quantitativa

Este tipo de abordagem significa quantificar dados obtidos por meio de informações coletadas através de questionários, entrevistas, observações, assim como "o emprego de recursos e técnicas estatísticas desde as mais simples como porcentagem, média, moda, mediana e desvio-padrão, até as de uso mais complexo como coeficiente de correlação, análise de regressão", segundo Sílvio Oliveira (1997, p. 115).

Apesar de essa abordagem permitir maior precisão quanto à explicação quantitativa dos fenômenos e correlação de variáveis, a principal crítica que se faz a ela, segundo Richardson (1999), diz respeito à separação entre fatos e seus contextos, que é a característica básica do positivismo (p. 79).

Dentro dessa linha de raciocínio, os dados obtidos por uma abordagem quantitativa são estanques, isolados, lineares sem nenhuma interação entre o fato pesquisado e o pesquisador(a). Para uma melhor elucidação desse tipo de abordagem, vamos encontrar em Baptista (2003) a seguinte afirmação:

> O uso exclusivo de técnicas quantitativas de pesquisa se caracteriza pela adoção de uma estratégia de pesquisa modelada nas ciências naturais e baseada em observações empíricas para explicitar fatos e fazer previsões. Está relacionada aos postulados teóricos da matriz positivista, cujo paradigma analisa a realidade e o processo de conhecimento com o uso de técnicas que buscam a objetividade através de uma lógica formal com neutralidade no processo de investigação: a realidade é exterior ao indivíduo e a apreensão dos fenômenos é feita de forma fragmentada (p. 32).

Logo, o método quantitativo se constitui em quantificar dados obtidos através de informações coletadas através de questionários, entrevistas, observações e utilização de técnicas estatísticas.

Capítulo 3

Conhecendo alguns tipos de pesquisa

É através da realização de pesquisas que se chega a produzir novos conhecimentos ou aprofundar tudo que já foi construído em termos de avanço científico e tecnológico. Podemos afirmar que a pesquisa é tão antiga quanto a própria evolução da espécie humana e que a sistematização do conhecimento foi tomando forma a cada etapa da história da humanidade. Nos primórdios da civilização, a pesquisa era considerada meramente como um estudo teórico, sem experimentações para testar hipóteses ou variáveis.

Embora se deva à Idade Média e ao Renascimento as bases para construção do conhecimento de forma sistematizada, é privilégio da contemporaneidade a associação da *teoria* com a *prática* de forma contextualizada, holística e sistêmica. Para melhor entendimento da evolução do conhecimento, recomendamos ao leitor(a) retornar ao item 1 do primeiro capítulo, em que fazemos algumas considerações sobre *epistemologia*.

3. DEFININDO E CLASSIFICANDO AS PRINCIPAIS FORMAS DE PRODUZIR NOVOS CONHECIMENTOS

A pesquisa científica pode ser classificada segundo os *objetivos* que se pretende alcançar e segundo os *procedimentos metodológicos* e *técnicos*. Muito embora possamos encontrar posicionamentos diferenciados entre alguns autores, optamos pela classificação que nos parece mais completa, conforme detalhamento a seguir.

3.1 Pesquisa exploratória

Este tipo de pesquisa objetiva dar uma explicação geral sobre determinado fato, através da delimitação do estudo, levantamento bibliográfico, leitura e análise de documentos. Segundo Gil (1999, p. 49), "as pesquisas exploratórias constituem a primeira etapa de uma investigação mais ampla". Dessa forma, a pesquisa exploratória, ao dar uma explicação geral, pode levantar um novo problema que será esclarecido através de uma pesquisa mais consistente.

Portanto, esse tipo de pesquisa desenvolve estudos que dão uma visão geral do fato ou fenômeno estudado. Em regra geral, um *estudo exploratório* é realizado quando o tema escolhido é pouco explorado, sendo difícil a formulação e operacionalização de hipóteses. Muitas vezes, esse tipo de estudo se constitui em um primeiro passo para a realização de uma pesquisa mais aprofundada.

Entenda-se que uma pesquisa exploratória requer um planejamento de certa forma mais flexível que a pesquisa de campo, ou a pesquisa experimental para construção de dissertações e teses. Esse tipo de pesquisa requer um consistente levantamento bibliográfico, análise de documentos, observações de fatos, fenômenos e o procedimento metodológico que se aplica ao método de *estudo de caso*. No entanto, a pesquisa exploratória, quando apresenta apenas explicações gerais sobre determinado fenômeno ou fato, é de certa forma superficial quando se pretende concluir uma pesquisa acadêmica em programas de pós-graduação *stricto sensu*.

3.2 Pesquisa experimental

A experimentação implica a manipulação de dados obtidos através de estudos em laboratórios e pesquisas de campo com a utilização de instrumentais em área(s) delimitada(s) para pesquisa. Essa manipulação se dá de forma intencional para testar hipótese(s) e analisar variável; há, no entanto, um elemento não manipulável, que é o elemento de controle.

Para melhor entendimento do que vem a ser pesquisa experimental, é preciso compreender que o principal objetivo desse tipo de pesquisa é analisar a relação entre causa e efeito. Nesse sentido, vamos encontrar em Rudio (1999) uma definição precisa. Segundo ele, "a pesquisa experimental está interessada em verificar a relação de causalidade, que se estabelece entre variáveis, isto é, em saber se a variável X (independente) determina a variável Y (dependente)". A partir desse conceito o autor afirma que é preciso se criar uma situação de controle rigoroso, procurando-se evitar que nessa situação estejam presentes influências alheias à verificação que se deseja fazer (p. 57-58).

Em suma, o experimento é a melhor estratégia que se utiliza em pesquisa de cunho científico, mas, por questões éticas e humanitárias, a experimentação não é recomendável nas ciências sociais. Tomemos como exemplo as discussões em escala mundial a respeito de células-tronco, que envolvem fortes questões éticas e religiosas.

Segundo nosso entendimento, essas discussões precisam ser amadurecidas, analisadas e trabalhadas para que as decisões finais sejam a favor da cura de diversas enfermidades e pela qualidade de vida das pessoas portadoras de determinadas doenças; enfim, que a utilização de células-tronco seja para salvar vidas. Portanto, essa é uma questão delicada. Talvez esse exemplo possa comprovar que a experimentação é restrita a determinadas situações que não desabonam princípios éticos.

3.3 Pesquisa descritiva

Em regra geral, os principiantes na realização de pesquisas demonstram uma certa dificuldade quanto à diferenciação entre uma *pesquisa experimental* e uma *pesquisa descritiva*. De fato, esses dois tipos de pesquisas, em virtude de suas peculiaridades, podem gerar algum tipo de dificuldade. No entanto, para melhores esclarecimentos, vamos novamente nos reportar ao autor Rudio, o qual afirma:

> A diferença que geralmente se estabelece entre os conceitos *descrever* e *explicar* pode, aproximadamente, indicar como a pesquisa descritiva se distingue da experimental. *Descrever* é narrar o que acontece. *Explicar* é dizer por que acontece. Assim, a *pesquisa descritiva* está interessada em descobrir e observar fenômenos, procurando descrevê-los, classificá-los e interpretá-los. A pesquisa experimental pretende dizer de que modo ou por que causas o fenômeno é produzido (p. 57).

Portanto, a pesquisa descritiva vai além do experimento: procura analisar fatos e/ou fenômenos, fazendo uma descrição detalhada da forma como se apresentam esses fatos e fenômenos, ou, mais precisamente, é uma análise em profundidade da realidade pesquisada.

A pesquisa descritiva é abrangente, permitindo uma análise do problema de pesquisa em relação aos aspectos sociais, econômicos, políticos, percepções de diferentes grupos, comunidades, entre outros aspectos. Também é utilizada para a compreensão de diferentes comportamentos, transformações, reações químicas para explicação de diferentes fatores e elementos que influenciam um determinado fenômeno.

Uma pesquisa descritiva exige um planejamento rigoroso quanto à definição de métodos e técnicas para coleta e análise de dados. É recomendável que nesse tipo de pesquisas se utilizem informações obtidas através de estudos exploratórios. Essas pesquisas não só explicam a relação entre variáveis, como procuram determinar a natureza dessa relação, fundamentando com precisão os pressupostos ou hipóteses do objeto de estudo. Segundo Sílvio Oliveira (1997),

> o trabalho descritivo possibilita abranger aspectos gerais e amplos de um contexto social, como salário e consumo, mão de obra ativa, população economicamente ativa, situação social, econômica e política das minorias e opiniões comunitárias, entre outros (p. 114).

Esse mesmo autor ainda assegura que, sendo bastante amplo, o estudo descritivo permite o desenvolvimento de uma análise para identificação de fenômenos, explicação das relações de causa e efeito dos fenômenos. Em outras palavras, esse estudo permite que se analise o papel das variáveis que, de certa forma, influenciam ou causam o aparecimento dos fenômenos.

3.4 *Pesquisa bibliográfica*

A pesquisa bibliográfica é uma modalidade de estudo e análise de documentos de domínio científico tais como livros, enciclopédias, periódicos, ensaios críticos, dicionários e artigos científicos. Pode-se afirmar que grande parte de estudos exploratórios fazem parte desse tipo de pesquisa e apresentam como principal vantagem um estudo direto em fontes científicas, sem precisar recorrer diretamente aos fatos/fenômenos da realidade empírica. A pesquisa bibliográfica é imprescindível para realização de estudos históricos (SANTOS, p. 171).

A principal finalidade da pesquisa bibliográfica é levar o pesquisador(a) a entrar em contato direto com obras, artigos ou documentos que tratem do tema em estudo. O mais importante para quem faz opção por uma pesquisa bibliográfica é ter a certeza de que as fontes a serem pesquisadas já são reconhecidamente do domínio científico.

3.5 *Pesquisa documental*

Bastante semelhante à pesquisa bibliográfica, a documental caracteriza-se pela busca de informações em documentos que não receberam *nenhum tratamento científico*, como relatórios, reportagens de jornais, revistas, cartas, filmes, gravações, fotografias, entre outras matérias de divulgação. Segundo Gonçalves (2003),

> A pesquisa documental é muito próxima da pesquisa bibliográfica. O elemento diferenciador está na natureza das fontes: a pesquisa bibliográfica remete para as contribuições de diferentes autores sobre o assunto, atentando para as *fontes secundárias*, enquanto a pesquisa documental recorre a materiais que ainda não re-

ceberam tratamento analítico, ou seja, as *fontes primárias* (p. 32).

Essa é a principal diferença entre pesquisa documental e pesquisa bibliográfica. Chama-se, porém, a atenção do leitor(a) para o fato de que, na pesquisa documental, o trabalho do pesquisador(a) requer uma análise mais cuidadosa, visto que os documentos não passaram antes por nenhum tratamento científico.

É importante ainda que o leitor(a) entenda o que significam *fontes primárias*, como sendo *dados originais*, a partir dos quais o pesquisador tem uma relação direta com os fatos a serem analisados, ou seja, é ele quem analisa, observa, por exemplo, uma fotografia, uma imagem, um som; é ele quem ouve o relato de experiências vivenciadas por outrem.

Por *fontes secundárias* entenda-se a pesquisa de dados de *segunda mão*, ou seja, informações já trabalhadas por outros pesquisadores, estudiosos e, por isso, já do domínio científico. Suponhamos que o pesquisador deseje escrever a biografia do renomado Dom Helder Camara, o chamado bispo popular. Nesse caso, vai ouvir pessoas que conviveram ou conheceram Dom Helder, vai ler autores que escreveram algo sobre esse bispo. Assim, teremos vários olhares, que poderão ser complementados através de entrevistas ou aplicação de questionários com essas pessoas.

3.6 Pesquisa na internet

Na contemporaneidade, a internet se constitui uma ferramenta indispensável à humanidade para informações rápidas sobre os mais diversos assuntos. Desnecessário dizer que, ao pesquisador(a), a internet facilita o acesso aos periódicos científicos, às bibliotecas virtuais, além de oferecer informações sobre os mais variados temas que queira estudar.

Como é sabido, a internet surgiu em 1969, como uma rede militar durante a chamada Guerra Fria. Foi desenvolvida pelo Departamento de Defesa dos Estados Unidos, tendo como prioridade a sobrevivência aos ataques nucleares. Felizmente, a internet deixou de ser usada para esse fim, tornando-se uma interminável cadeia em rede planetária. Assim, dos mais diversos recantos do planeta Terra é possível obter informações que se fazem necessárias nas diferentes áreas de conhecimento: ciências físicas, biológicas, humanas, sociais, econômicas, políticas, como também na cosmologia, administração, cibernética, entre outras.

Para se ter acesso aos *periódicos científicos*, é importante consultar bibliotecas virtuais, universidades, institutos de pesquisa ou qualquer instituição que esteja trabalhando em assuntos referentes ao objeto de estudo do pesquisador(a).

É recomendável acessar os sites do MEC, ABNT, CAPES, CNPq, INEP, EMBRAPA, entre outros órgãos da administração pública e privada. Nos sites das universidades brasileiras e de outros países é possível se encontrar respostas a diversas indagações acadêmicas e de interesse pessoal do pesquisador(a). Para isso, basta escolher as *palavras-chave do assunto que se deseja pesquisar* e digitá-las nos sites de busca, como, por exemplo;

Google (www.google.com.br)

Altavista (www.altavista.com)

Yahoo (www.yahoo.com.br)

Cadê (www.cade.com.br)

3.7 *Pesquisa de laboratório*

Também chamada de pesquisa experimental, a pesquisa de laboratório é bastante usada nas ciências humanas (psicologia, sociologia) e nas ciências físicas e biológicas. Esse tipo de pesquisa permite uma observação sistemática de fatos e fenômenos, que facilita o controle de variáveis, excetuando-se os fatos sociais.

De acordo com Santos (2003, p. 172), as vantagens da pesquisa de laboratório residem "no grande grau de clareza, objetividade e precisão nos seus resultados". Esse tipo de pesquisa é mais utilizado para estudos concernentes às áreas de domínio da física, biologia, zootecnia, veterinária, entre outras. Não é, pois, recomendável em estudos que esbarrem em problemas éticos.

3.8 *Pesquisa ex-post facto*

Esse tipo de pesquisa se caracteriza pelo fato de o experimento ser efetivado depois dos fatos. Para Kerlinger (1975):

> A pesquisa *ex-post facto* é uma investigação sistemática e empírica na qual o pesquisador não tem controle direto sobre as variáveis independentes, porque já ocorreram suas manifestações ou porque são intrinsecamente não manipuláveis (p. 69).

Levando-se em consideração que a pesquisa *ex-post facto* não permite o controle de variáveis, esse tipo de pesquisa não é usado com frequência, excetuando-se alguns problemas relacionados com as ciências sociais. Como exemplo de variáveis não manipuláveis citamos: sexo, classe social, nível intelectual, preconceito, autoritarismo, racismo.

3.9 *Pesquisa etnográfica*

Antes de apresentar alguns fundamentos para que se possa explicar o que venha a ser a pesquisa etnográfica, é importante entender que a *etnografia* quer dizer o estudo e a descrição dos povos, sua língua, raça, religião... (FERREIRA, 1988, p. 280). Trata-se, portanto, de um estudo sobre cultura, no sentido de caracterizar determinados grupos sociais.

Quanto ao método *etnográfico* a sua utilização é recente, tendo sido sistematizado por Jean Poirier em 1979 em sua obra *Récits de vie, théorie et pratique*. Nessa obra, Poirier afirma que "a etnografia constitui um método da maiêutica social que permite ao informante ter um conhecimento de si mesmo, a possibilidade de conhecer o seu grupo social, a sociedade e sua cultura" (MUCCHIELI, 1996, p. 63).

Em regra geral a pesquisa etnográfica é mais utilizada por antropólogos, dada a especificidade no que diz respeito a compreender o homem e seu contexto sociocultural. Segundo André (2004), o termo etnografia tem para os antropólogos dois significados: para uns trata-se de um conjunto de técnicas para coletar dados sobre valores, hábitos, crenças, linguagem, significados e comportamentos sociais; para outros, a etnografia significa a utilização dessas técnicas.

Em se tratando de pesquisa na área educacional, o foco da pesquisa etnográfica está relacionado ao processo educacional, o que necessariamente não implica em se fazer etnografia de grupos sociais, mas, como nos diz a autora já citada, significa adaptar a etnografia à educação. Nesse caso, a utilização das técnicas para pesquisa de campo devem ser adequadas ao objeto de estudo, seja através da utilização de questionários, entrevistas, observação participante. A pesquisa etnográfica exige uma efetiva participação do pesquisador no processo em termos de observação e interação com os atores sociais, cuja ênfase deve ser processo educacional e não simplesmente no resultado final da pesquisa.

3.10 Pesquisa-ação

Esse tipo de pesquisa implica a realização de um estudo junto a grupos sociais. Segundo Barbier (1985), a pesquisa-ação "é uma atividade de compreensão e de explicação da práxis dos grupos sociais por eles mesmos, com ou sem especialistas em ciências humanas e sociais práticas, com o fim de melhorar essa práxis" (p. 136).

É interessante observar que, para Thiollent (1988), a pesquisa-ação implica a efetiva participação do pesquisador, o que não corresponde à citação anterior de Barbier. O conceito de Thiollent nos parece mais amplo e bem sistematizado. Para conferir isso, leiamos com atenção a citação seguinte:

> A pesquisa-ação é um tipo de pesquisa social com base empírica que é concebida e realizada em estreita associação com uma ação ou com a resolução de um problema coletivo, e no qual os pesquisadores e os participantes representativos da situação ou do problema estão envolvidos de modo cooperativo ou participativo (p. 15).

A partir dessa definição podemos constatar que a pesquisa-ação requer o compromisso do pesquisador com a população pesquisada a fim de buscar coletivamente alternativas para resolução dos problemas que afligem essas pessoas ou, mais precisamente, com a comunidade pesquisada.

3.11 *Pesquisa participativa*

Esse tipo de pesquisa também exige um compromisso com a população da comunidade em que se realiza o estudo. Em regra geral, essa modalidade de pesquisa é realizada em comunidades carentes ou com grupos desfavorecidos, como operários, índios e camponeses, entre outros. De acordo com Fals Borda (1983), a pesquisa participante é a que

> [...] responde especialmente às necessidades de populações que compreendem operários, camponeses, agricultores e índios – as classes mais carentes nas estruturas sociais contemporâneas – levando em conta suas aspirações e potencialidades de conhecer e agir. É a metodologia que procura incentivar o desenvolvimento autônomo (autoconfiante) a partir das bases e uma relativa independência do exterior (p. 43).

Conforme se pode constatar, tanto na pesquisa participante como na pesquisa-ação é de fundamental importância o envolvimento dos pesquisadores(as) nas comunidades em que se realiza o processo de estudo e pesquisa.

Capítulo 4

Instrumentos de pesquisa

A definição dos instrumentos de pesquisa deve estar visceralmente adequada aos *objetivos* do estudo já delineados quando da escolha do tema, bem como à(s) *hipótese*(s) levantada(s) e perfeitamente sintonizada(s) com o marco teórico. Nas pesquisas de abordagem qualitativa, dentre os mais importantes instrumentais ou técnicas de pesquisa que ajudam a desvendar os fenômenos e fatos, destacam-se: observações, histórias de vida, questionários e entrevista semiestruturada, a qual facilita a comunicação quanto à obtenção de dados qualitativos.

Levando-se em conta que a pesquisa é um ato criativo, o pesquisador(a) deve utilizar instrumentos que sejam adequados ao seu objeto de estudo e não fazer uso de uma "forma" para rotular a realidade, mas de técnicas que captem a realidade em todo seu dinamismo. Portanto, não existe um padrão determinado para quantidade de questões ou itens a serem pesquisados, devendo o pesquisador(a) formular seus instrumentais de acordo com seus objetivos.

4. OBSERVAÇÕES

A opção pela técnica da observação deve ser bem planejada para posterior sistematização dos dados coletados, embora exista a possibilidade de serem feitas observações assistemáticas. No entanto, acreditamos que as observações sem planejamento prévio se caracterizam como superficiais, em se tratando de uma pesquisa qualitativa. As observações podem se dar de forma direta e de forma participante. Além da observação de grupos sociais, a técnica da observação também se aplica a outros sujeitos, como, por exemplo, em pesquisas na área de veterinária, na qual se pretende observar comportamentos e reações de animais.

4.1 Observação direta

Também chamada de *observação estruturada* ou *sistemática*, ela pressupõe um planejamento quanto à coleta de dados. Para isso, recomenda-se uma *visita prévia* ao campo onde se pretende realizar a pesquisa. Essa visita pode ser caracterizada como um *projeto piloto*. Nela deve-se observar *in loco* os possíveis dados que devem ser pesquisados em relação aos objetivos e hipótese(s) preestabelecidos.

Para Chizzotti (2003, p. 53), "a observação estruturada ou sistemática consiste na coleta e registro de eventos observados que foram previamente definidos". Isso significa que o pesquisador(a) deve elaborar uma *planilha* na qual fará o registro das observações relativas aos comportamentos das pessoas e/ou dos animais. No caso de observações de reações químicas em experiências de laboratório, ou ainda segundo a interferência de agentes externos, tais como temperatura ambiente e mudança de horários, deve-se criar códigos ou sinais que facilitem a posterior análise dos dados coletados. Além de códigos, registros de frequência (números, códigos e sinais), recomenda-se a categorização de dados em relação aos objetivos e fundamentação teórica.

A observação pode ser realizada exatamente no momento em que ocorrer o ato ou através de critérios preestabelecidos relativos ao tempo e à frequência, e as anotações devem ser precisas. Dessa forma, é possível observar os atos em seu contexto e circunstâncias em que se verificam as atitudes e reações. A técnica da observação direta ainda pode lançar mão de filmagens com produção de vídeos ou simples fotografias, que posteriormente podem ser analisados tanto como abordagem quantitativa como em termos qualitativos.

4.2 Observação participante

A técnica da observação participante, segundo Duverger (1975), Mucchielli (1996) e Cruz Neto (1996), realiza-se através do contato direto do pesquisador com o fenômeno observado a fim de obter informações sobre a realidade dos atores sociais em seu próprio contexto. Encontramos, ainda, em Maren (1995), um reforço teórico quanto à observação participante, definida como

> [...] a estrutura e o conteúdo de toda realidade a ser observada e registrada. A observação é sempre um fundamento, um instrumento de análise da realidade que se percebe (p. 105).

Por essa razão, as observações visam buscar os fundamentos na análise do meio onde vivem os atores sociais. Em pesquisas qualitativas, os dados não podem ser considerados como fatos isolados, observados desde que estejam relacionados ao contexto em suas múltiplas relações. São, portanto, *fenôme-*

nos, que se manifestam de diferentes formas e que precisam ser percebidos além das *aparências*. Vai-se à *essência* desses fenômenos e dos fatos através da dinâmica e conexões do objeto em estudo.

Na observação participante, o pesquisador(a) deve interagir com o contexto pesquisado, ou seja, deve estabelecer uma relação direta com grupos ou pessoas, acompanhando-os em situações informais ou formais e interrogando-os sobre os atos e seus significados por meio de um constante diálogo. Essa participação pode ser mais intensa quando o pesquisador(a) é parte integrante do grupo pesquisado, ou seja, quando se identifica com esse grupo pelo cotidiano da vida, das ações e aspirações.

A observação participante pode ocorrer de duas formas: *observação natural*, quando o observador é parte integrante do grupo, conforme falamos acima, e *observação artificial*, quando o observador se integra ao grupo com o objetivo de fazer pesquisa. Nesse último caso, ele pode revelar ou não o motivo de sua integraçao temporária ao grupo, ou simplesmente agir de forma disfarçada como pesquisador(a).

Ao optar pela observação participante, em primeiro lugar, o pesquisador(a) deve procurar cooperar com o campo pesquisado, participando cada vez mais da realidade. Em segundo lugar, deve ter sempre presentes as questões de sua pesquisa, de sua problemática. Segundo Flick apud Spradley (1980, p. 34) há três fases na observação participante:

- Inicialmente, há uma observação descritiva, cuja função é fornecer ao pesquisador uma orientação para o campo em estudo. Essa descrição não específica serve para que se apreenda, na medida do possível, a complexidade do campo, e, ao mesmo tempo, para que se formulem questões de pesquisa e linhas de visão mais concretas.

- Em seguida, ocorre a observação focal, cuja perspectiva restringe progressivamente os processos e problemas que forem os mais essenciais para a questão de pesquisa.
- Finalmente, dá-se a observação seletiva. Essa ocorre próximo ao fim da coleta de dados e concentra-se, até certo ponto, nas evidências e exemplos colhidos na segunda etapa.

Em outras palavras, na observação participante existe uma *análise descritiva* do fato ou fenômeno observado, uma *delimitação dos fatos* a serem observados segundo o objeto de estudo, e, por fim, uma *seleção dos dados* que serão analisados segundo a delimitação feita na etapa anterior.

Existem vantagens e desvantagens na observação participante. Como vantagens, Gil apud Kluckhon (1946, p. 103) cita:

a) Facilita o rápido acesso a dados sobre situações habituais em que os membros das comunidades se encontram envolvidos.

b) Possibilita o acesso a dados que a comunidade ou grupo considera de domínio privado.

c) Possibilita captar as palavras de esclarecimentos que acompanham o comportamento dos observados (p. 114).

As desvantagens ficam por conta das restrições que são imputadas ao pesquisador(a) quanto à participação restrita na vida das comunidades.

4.3 *Questionários*

O questionário pode ser definido como uma técnica para obtenção de informações sobre sentimentos, crenças, expectativas, situações vivenciadas e sobre todo e qualquer dado que o pesquisador(a) deseja registrar para atender os objetivos de seu estudo. Em regra geral, os questionários têm como principal objetivo descrever as características de uma pessoa ou de determinados grupos sociais.

Quanto ao número de perguntas que deve constar em um questionário não existe padrão algum, podendo ser encontrado questionário com apenas duas ou mais de cem questões. No entanto, é prudente não abusar da boa vontade dos informantes e procurar formular questões precisas e em número razoável para não ocupar o pesquisado(a) por mais de trinta minutos.

Quanto à aplicação dos questionários, é necessária uma "dose" de sensibilidade para "conquistar" o pesquisador(a) a fim de que ele(a) se sinta motivado, bem à vontade para responder e tenha a consciência de que está colaborando para o avanço do conhecimento. O questionário pode ser aplicado diretamente pelo pesquisador(a). Quando for aplicado em grupos, recomenda-se que seja em um só dia e, se possível, que seja por ocasião de reuniões, cursos, treinamentos, seminários. Nesses casos, é recomendável não solicitar que o informante assine ou coloque seu nome no instrumento de pesquisa. No caso de o grupo ter dificuldade de escrever as respostas ou de as pessoas serem analfabetas, cabe ao pesquisador(a) ler as questões para o informante e escrever as respostas obtidas.

Para evitar constrangimento por parte da pessoa que vai responder um questionário ou impedir a interferência do pesquisador(a), é recomendável solicitar a colaboração de uma pessoa neutra ao grupo ou de um colega de trabalho, informando às pessoas que ninguém será identificado para preservar a identidade e garantir a validade e confiabilidade das informações que forem dadas.

No caso de o questionário ser enviado pelos correios ou via internet, é indispensável que, preliminarmente, haja um contato direto entre o pesquisador(a) e o informante, ou simplesmente seja realizado um telefonema ou enviada uma mensagem virtual para os devidos esclarecimentos quanto aos objetivos da pesquisa. Ao final do estudo realizado recomenda-se que o pesquisador(a) dê retorno aos informantes para os colocar a par dos resultados e que pelo menos um exemplar da monografia, dissertação ou tese seja doado ao grupo ou entidade em que foi realizada a coleta de dados.

4.3.1 Dicas para construção de questionário(s)

O questionário pode ser constituído de *questões abertas*, com as quais fica inteiramente à vontade para responder o que achar necessário, podendo a sua resposta ser ampla. Já no questionário de *questões fechadas* o informante assinala os itens segundo seu ponto de vista, enquanto no de questões de *múltipla escolha* o informante pode optar por assinalar vários itens para dar sua resposta. Algumas dicas são apresentadas no Apêndice C.

A vantagem das questões abertas está no fato de o informante ter total liberdade para formular suas respostas. Para melhor entender o que é uma questão aberta, vejamos o seguinte exemplo: *Fale sobre sua experiência profissional.* Já nas questões fechadas existe uma limitação quanto à liberdade do informante, pois ele apenas assinala itens (sim, não, em parte...). Quanto às questões de múltipla escolha, o informante tem mais de uma opção para expressar seu ponto de vista.

A questão de múltipla escolha pode gerar dificuldades para interpretar o posicionamento do informante. Conforme o enunciado desses diferentes tipos de questões, existe a possibilidade de se obter uma maior precisão dos dados. Quando, por exemplo, ao solicitar que o informante assinale um ou mais itens, é recomendável que se coloque abaixo de cada item o enunciado: *justifique sua resposta*.

Na medida do possível, recomenda-se que se preserve a identidade do informante, evitando solicitar o nome e endereço. No entanto, existem casos em que o nome, endereço, sexo, faixa etária e até cor, estado civil e religião são dados fundamentais à pesquisa. É recomendável, ainda, que, no caso de o pesquisador(a) necessitar de informações básicas quanto à idade, sexo, faixa salarial, seja utilizada a técnica em escalas como: assinale sua faixa etária entre 20 a 25 anos; entre 26 a 30 anos, e assim por diante. Sugerimos observar o modelo que apresentamos no Apêndice C, em que são dadas algumas dicas sobre faixa etária, faixa salarial e nível de instrução ou formação acadêmica.

A elaboração de questionários implica a clareza que tem o pesquisador(a) quanto à necessidade de coletar dados que facilitem a obtenção de informações para consecução dos objetivos formulados. Quanto à forma de aplicação desse tipo de instrumento, é preciso entender que existe uma diferença entre questionário e formulário, visto que o *questionário* é respondido pelo informante e o *formulário* é preenchido pelo pesquisador(a).

4.4 Entrevistas

A entrevista é um excelente instrumento de pesquisa por permitir a interação entre pesquisador(a) e entrevistado(a) e a obtenção de descrições detalhadas sobre o que se está pesquisando. No entanto, é preciso que o entrevistador não interfira nas respostas do entrevistado(a), limitando-se a ouvir e gravar a fala dele(a). Quando não entender uma determinada frase, deve solicitar que o entrevistado(a) repita o que foi dito anteriormente. Jamais deve direcionar as respostas, ou suscitar dúvidas, como *você quis dizer que...*

Os referenciais das entrevistas, além de estarem ajustados aos objetivos e hipótese(s), devem ser adequados às especificidades de cada grupo para que se escolha o máximo de informações que permitam uma análise mais completa possível. É importante que o pesquisador(a) conheça o local onde reside ou trabalha o entrevistado(a) e tenha um bom relacionamento com cada pessoa ou grupos que serão entrevistados.

Caso contrário, é recomendável visitar o local e procurar entrar em contato com as pessoas que serão entrevistadas para conhecer e informar o objetivo do estudo que será ou está sendo realizado. Dependendo do nível de receptividade, a aplicação de um pré-teste é bastante recomendável para se observar quais foram as dificuldades encontradas e até solicitar, na aplicação desse pré-teste, que as pessoas façam comentários e apresentem sugestões.

4.4.1 Dicas para realização de entrevistas

O roteiro da pesquisa deve ser em forma de *tópicos semiestruturados*, utilizando-se o mesmo padrão (itens) para cada pessoa ou grupo que se pretende entrevistar. Faz-se necessário solicitar ao entrevistado(a) ou ao grupo a permissão para gravar a entrevista. É preciso garantir-lhe que será guardado sigilo quanto às informações e que não haverá identificação do informante na redação final do relatório[6] da pesquisa.

A gravação é muito importante para se ter com precisão o registro de tudo que foi dito por ocasião da entrevista. É aconselhável que a transcrição das fitas da gravação seja realizada por profissionais ou pessoas que não estejam diretamente envolvidas no processo da pesquisa. Esse procedimento garantirá a ausência de qualquer tipo de interferência do pesquisador(a). Quando o pesquisador(a) não entender uma determinada palavra ou frase, não deve fazer quaisquer deduções, mas simplesmente solicitar que o entrevistado(a) repita o que disse. A título de sugestão, apresentamos no Apêndice D algumas dicas para realização de entrevistas.

4.5 *Universo*

Em pesquisa, o termo população ou universo significa a totalidade de pessoas que habita uma determinada área geográfica, ou o conjunto de elementos que compõem o objeto de nosso estudo. Nem sempre é possível pesquisar a totalidade desses elementos, ou todas as pessoas e grupos que se situam na área que delimitamos para nossa pesquisa de campo. Portanto, cabe ao pesquisador(a), a partir da totalidade (universo), definir o tamanho de sua *amostra*.

6. Entenda-se que a denominação *relatório* aqui empregada está se referindo à elaboração da monografia, dissertação ou tese. Aliás, esses trabalhos acadêmicos nada mais são do que um *relatório* minucioso do projeto inicial e que foi operacionalizado dentro dos critérios formais exigidos para construção desses trabalhos acadêmicos.

4.6 Amostra

Sendo a amostra uma representação da população ou universo da pesquisa, faz-se necessário estabelecer critérios no processo de seleção para que ela seja significativa. Entenda-se que a amostra é um subconjunto ou parte dos elementos que compõem o universo. A técnica mais comum para seleção da amostra é o critério do sorteio e é mais conhecida como *probabilidade*. Segundo Rudio (1978) apud Seltz, a amostra pode ser não probabilística ou probabilística.

4.6.1 Amostra não probabilística

O pesquisador(a) determina a quantidade de elementos ou o número de pessoas aptas a responder um questionário. A seleção de elementos (objetos, animais, pessoas...) como de pessoas pode ser classificada em: *amostra acidental*, por *quotas* e amostras *intencionais*.

a) Amostra acidental: inicia-se o questionamento de forma assistemática, mas, à medida que as pessoas vão dando suas respostas, toma-se a decisão de determinar o tamanho da amostra, ou seja, quantas pessoas farão parte da pesquisa.

Cita-se, como exemplo desse tipo de amostra, o caso de se querer saber quem vai ganhar a próxima eleição para prefeito de uma cidade.

Nesse caso, é observado o posicionamento das pessoas e, dando continuidade ao questionamento ou às entrevistas, o pesquisador resolve definir a sua representatividade quanto à quantidade de pessoas e à função que elas exercem na cidade (universo). Depois disso as entrevistas passam a ser direcionadas a pessoas que representam diferentes profissões: padeiro, carteiro, professor, padre, protestante, artista, artesão, comerciante, etc.

b) Amostra por cotas: esse tipo de amostra deve ser de fato uma réplica da população.

Cita-se como exemplo uma pesquisa sobre desenvolvimento de competências numa escola de Ensino Fundamental da rede pública. Sabendo-se que essa escola funciona em dois turnos e tem as cinco séries iniciais com duas turmas por cada série, o pesquisador(a) decide entrevistar um professor de cada turma e estabelece uma cota de cinco alunos por turma, em cada um dos turnos. Temos, então, uma cota de dez professores e de cinquenta alunos.

c) Amostra intencional: neste tipo de amostra, o pesquisador(a) decide analisar um determinado fenômeno sem ter a preocupação de fazer generalizações em relação ao universo da pesquisa.

Tomamos como exemplo o comportamento de casais que têm filhos adolescentes que usam a internet para bate-papos. Nesse estudo, o pesquisador(a) estabeleceu o critério de analisar cada caso, identificando as peculiaridades relacionadas à *permissividade* ou não dos pais desses adolescentes, e a *interferência* ou não da internet no rendimento escolar desses jovens. Nesse estudo, o pesquisador(a) quer apenas estudar dois casos específicos sem fazer confrontos.

4.6.2 Amostra probabilística

Nesse tipo de amostra, que pode ser aleatória ou ao acaso, todos os componentes ou sujeitos têm igual probabilidade de serem selecionados. O pesquisador(a) deve ter conhecimento de todos os elementos e da totalidade de sujeitos para determinar sua amostra através de sorteio ou de outro critério ou técnica que achar viável e confiável.

4.7 *Pré-teste*

Uma vez elaborado o questionário, é importante realizar um pré-teste e/ou sondagem para identificação de possíveis falhas quanto à redação das questões. Essas falhas podem apontar imprecisão na formulação do questionário, revelando ambiguidade, ou ainda deixar o respondente exausto pela complexidade ou grande quantidade de questões.

É recomendável solicitar aos informantes do pré-teste que apresentem sugestões quanto a possível reformulação ou redução do número de questões, visando a uma maior objetividade e redução de tempo para se ter uma maior precisão na aplicação final do questionário.

4.8 *Análise de documentos*

Esse procedimento é bastante recomendável, visto que o pesquisador precisa conhecer em profundidade o contexto em que se insere seu objeto de pesquisa. O acesso a documentos escritos – seja em forma de relatórios, artigos, jornais, revistas ou mesmo em livros e documentos eletrônicos – em muito contribui para um conhecimento mais aprofundado da realidade. Recomendamos ao leitor retornar ao capítulo 3, mais especificamente no que diz respeito à Pesquisa documental.

Capítulo 5

Como trabalhar os dados da pesquisa de campo

Neste capítulo, oferecemos ao leitor(a) alguns conceitos para, logo a seguir, fazer uma ligeira demonstração quanto à escolha e sistematização das categorias *teóricas*, *empíricas* e *unidades de análise*. Consideramos essa classificação como sendo os três grandes marcos referenciais de nossa proposta metodológica quanto à utilização da *metodologia interativa,* como um *processo hermenêutico-dialético.*

Conforme vimos no primeiro capítulo, no qual trabalhamos a questão da produção do conhecimento (epistemologia), a construção do marco teórico ou fundamentação teórica visa dar suporte ao processo de análise dos dados. Por isso, recomenda-se que, para escolha dos instrumentais de pesquisa, já se tenha realizado um estudo exaustivo sobre a base teórica do objeto de estudo. Essa fundamentação se constitui o mais importante referencial para a pesquisa de campo e/ou para análise de textos e documentos. Os dados obtidos na pesquisa de campo devem ser classificados em categorias teóricas, categorias empíricas e unidades de análise.

5. CATEGORIA: CONCEITO E CLASSIFICAÇÃO

Segundo Legendre (1993, p. 64), *categoria* significa "agrupamento de informações similares em função de características comuns". Como se pode perceber por este conceito, em pesquisa é preciso se estabelecer categorias para que se faça um trabalho sistematizado e coerente. É recomendável ao neófito(a) em pesquisa que, ao definir um objeto de estudo, comece de imediato a fazer um levantamento bibliográfico pertinente ao tema escolhido.

Também é recomendável uma disciplina de estudo para se buscar com exaustão os fundamentos do objeto de pesquisa e, para isso, é importante que se faça registro de capítulos, frases, enfim, de todas as leituras realizadas, conforme nossa sugestão no primeiro capítulo deste livro. Na medida em que as leituras vão sendo assimiladas, vai surgindo a necessidade de afunilamento dos conteúdos e, pouco a pouco, vai-se percebendo as *categorias teóricas*, que iremos conceituar no item a seguir.

Mas, antes, seria interessante refletir sobre o conceito de *categoria* segundo Larousse (1995, p. 41): "categoria é a classificação que se faz em função de certos princípios gerais e que tenham identidade comum". Portanto, vamos ter em mente que a palavra categoria está relacionada à *classificação* ou, mais precisamente, a um *agrupamento de elementos* que são sistematizados pelo pesquisador(a) após a pesquisa de campo, ou durante a análise de conceitos em livros didáticos, textos e documentos.

5.1 *Categorias teóricas*

Quando falamos em *categorias teóricas* estamos nos referindo às leituras convergentes ao tema central do estudo. Vamos tentar explicar melhor dando alguns exemplos:

- Tema central: *Formação continuada de professores do Ensino Médio*
  Leituras convergentes: pedagogia crítica, desenvolvimento de competências, planejamento, avaliação.
- Tema central: *Desenvolvimento sustentável*
  Leituras convergentes: educação ambiental, ecologia, ecossistema.
- Tema central: *Empreendedorismo em comunidades carentes*
  Leituras convergentes: inclusão social, solidariedade, geração de renda.

Nesses exemplos, temos *três objetos de estudo*: formação continuada, desenvolvimento sustentável e empreendedorismo.

As leituras convergentes no primeiro tema nos mostram que temos as seguintes *categorias teóricas*: pedagogia crítica, competências, processo ensino-aprendizagem.

No segundo tema, as leituras convergentes apontam estas *categorias teóricas*: educação ambiental, ecologia, ecossistema, sustentabilidade.

O terceiro tema tem como *categorias teóricas*: inclusão social, solidariedade, geração de renda.

O afunilamento das leituras pertinentes ao objeto de estudo implica se estabelecerem critérios para aprofundar conteúdos que possam direcionar a posterior construção dos instrumentais de pesquisa.

Uma vez realizada a sistematização dos *conteúdos* que engendram toda a fundamentação teórica, já será possível definir as *categorias teóricas* da pesquisa, que darão sustentação à análise dos dados. Foi assim procedendo que conseguimos sistematizar a nossa proposta metodológica e, para melhor esclarecimento, informamos ao leitor(a) que seria inconsistente já se definirem as *categorias teóricas* antes da revisão de literatura pertinente ao objeto de pesquisa.

Faz-se necessária uma leitura exaustiva dos autores(as) selecionados para sustentação teórica de nosso estudo e, somente aos poucos, vamos identificando quais serão as nossas possíveis categorias teóricas. Portanto, essas categorias só serão identificadas ao longo das nossas leituras e quando já se tem clareza do que se pretende realizar como *pesquisa de campo*, ou se o objeto de estudo está centrado na *análise de conceitos* em livros didáticos, textos e documentos.

Ainda para facilitar a compreensão do jovem pesquisador(a), vamos pontuar melhor um exemplo, tomando como referencial a nossa tese de doutorado, já mencionada na parte introdutória desta obra. A questão central dessa pesquisa foi a seguinte:

- *A UFRPE está preparando adequadamente os técnicos em associativismo/cooperativismo para atendimento às demandas dos contextos populares que buscam o desenvolvimento local?*

Para encontrar uma fundamentação para esse questionamento, fizemos nosso levantamento bibliográfico. As leituras começaram pelo projeto bilateral entre a UFRPE e a Universidade de Sherbrooke (US): documentos oficiais relativos ao acordo Brasil-Canadá, relatórios referentes ao Programa de Associativismo, Pesquisa e Extensão (PAPE) quanto à implantação do Curso de Especialização em Associativismo (CEA). Passamos então a afunilar nossas leituras quanto à teoria subjacente a esse projeto, e à que dá sustentação à proposta curricular e à prática pedagógica.

Foi através da leitura de diversos autores e documentos pertinentes à parceria entre a UFRPE-US que definimos, para nosso estudo, três categorias teóricas: associativismo, cooperativismo e desenvolvimento local. Determinamos ainda, como pano de fundo para fundamentar tais categorias, a questão da *educação popular*. Uma vez definidas as categorias, o nosso referencial teórico foi ficando conciso e só então passamos a pensar e definir os instrumentais para nossa pesquisa de campo, através de entrevistas e questionários.

Somente após uma leitura exaustiva de toda a bibliografia levantada é que chegamos à conclusão de que tínhamos três categorias teóricas. Essa clareza nos ajudou a optar pelo método do *estudo de caso*[7] e a escolher os instrumentais de pesquisa. Optamos, então, pela aplicação de questionários e pela realização de entrevistas junto aos professores, alunos, técnicos da prefeitura da cidade de Camaragibe e representantes das cinco zonas administrativas desse município.

7. Para nosso estudo de caso, optamos pela escolha da cidade de Camaragibe situada no estado de Pernambuco e que, segundo o Instituto Brasileiro de Geografia e Estatística (IBGE, 2004), tem uma população de 143.732 habitantes. Justifica-se esta escolha por concentrar o maior número de especialistas em associativismo e cooperativismo formados pela UFRPE, engajados em um programa de desenvolvimento local (DL), em uma parceria entre a prefeitura desse município e doze entidades.

5.2 *Categorias empíricas*

Com base no quadro teórico, mais precisamente a partir da definição do tema central de estudo e das leituras convergentes, quando identificamos nossas *categorias teóricas*, vamos então definir nossos instrumentais para a pesquisa de campo. Cada *questão* ou *tópico* para realização das entrevistas serve como referencial para determinarmos nossas *categorias empíricas*. Em outras palavras, precisamente, essas categorias são específicas e resultantes da coleta de dados na realidade empírica. Portanto, as categorias empíricas emergem da pesquisa de campo, onde para cada *questão* formulada ou para cada item do roteiro de entrevista estabelecemos as *categorias empíricas*. Isso significa que somente após a construção do quadro teórico é que devemos construir nossos instrumentos de pesquisa (questionários ou roteiro de entrevistas).

5.3 *Unidades de análise*

As *informações* obtidas com a aplicação dos instrumentais de pesquisa (entrevistas/questionários), chamadas de *dados*, devem ser sistematizadas para facilitar o processo de análise. É a essa sistematização de respostas que damos o nome de *unidades de análise*. Para melhor entendimento e visualização apresentamos na figura 2 uma síntese das categorias que devem ser trabalhadas. No quadro 1, a título de sugestão, apresentamos a matriz geral dos dados que apontam os três níveis de categorias (teóricas, empíricas e unidades de análise), que deram sustentação a nossa análise de dados na pesquisa citada como exemplo nesta obra.

Figura 2
Classificação dos dados

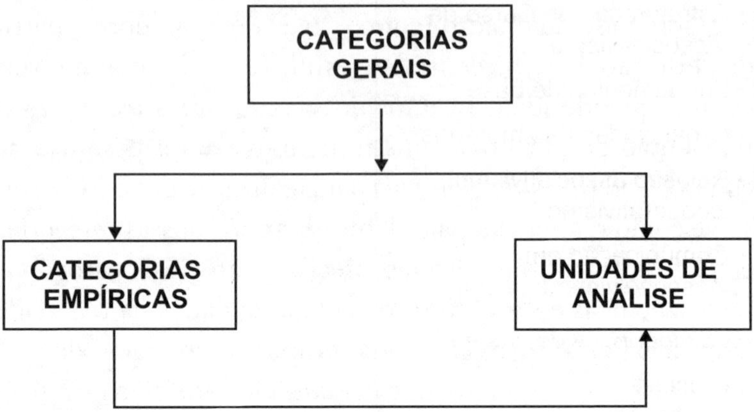

Agora, vejamos um quadro demonstrativo da classificação de dados:

Quadro 1
Matriz geral da classificação de dados

ASSOCIATIVISMO	DESENVOLVIMENTO LOCAL
1. Formação em associativismo • Parceria entre a UFRPE e US • Curso de Especialização em Associativismo • Relação entre associativismo e cooperativismo • Experiências em associativismo • Forças e fraquezas do Curso de Associativismo	1. *Desenvolvimento econômico comunitário* • Equipe interinstitucional • Engajamento e funções dos especialistas • Participação comunitária • Curso de formação de pequenos empreendedores

2. *Módulos de estudos: currículo do CEA* • Estruturação do Curso de Associativismo • Fundamentos de base • Organização das matérias • Relação associativismo/ cooperativismo • Comunicação em desenvolvimento local 3. *Metodologia de ensino* • Processo ensino-aprendizagem • Socialização do conhecimento • Elementos que facilitam o processo ensino-aprendizagem • Elementos que dificultam o processo ensino-aprendizagem • Critérios de avaliação 4. *Prática: impactos no meio* • Visitas ao campo • Projetos de intervenção • A formação e seus impactos	

Nesse quadro, temos duas grandes categorias teóricas: *associativismo* e *desenvolvimento local*. Os números representam as *categorias empíricas* ou subcategorias, e os *marcadores* dizem respeito às *unidades de análise*. As categorias teóricas foram identificadas e trabalhadas exaustivamente no marco teórico de nossa tese de doutorado. Com base nessas categorias, elaboramos nossos questionários e o roteiro de nossas entrevistas. As questões formuladas e os itens do roteiro de entrevistas nos permitiram fazer a sistematização dos dados, definindo assim as nossas *categorias empíricas*. As respostas e/ou dados que foram obtidos por meio das questões e/ou de cada item da entrevista nos levaram a fazer a classificação das *unidades de análise*.

As *categorias empíricas* são assim chamadas porque estão relacionadas com a *pesquisa de campo* (instrumentos de pesquisa). Já as *unidades de análise* dizem respeito aos *dados obtidos* (fala dos atores sociais) através da aplicação dos questionários e/ou realização de entrevistas.

Para o processo de análise dos dados obtidos é recomendável que se faça uma matriz geral, conforme modelo sugerido no quadro 1. Logo após, deve-se fazer a sistematização geral dos dados. É bom que esses sejam coletados com a aplicação da técnica do círculo hermenêutico-dialético (CHD), cujo conceito e procedimento estão detalhados no sexto capítulo deste livro.

Voltemos ao nosso exemplo no quadro 1. Para a primeira categoria geral, o *associativismo*, identificamos as seguintes *categorias empíricas*: formação em associativismo; cooperativismo, módulos de estudo (currículo), metodologia de ensino e a prática (impactos no meio). Em relação à categoria geral, identificada como *desenvolvimento local*, temos estas *categorias empíricas*: desenvolvimento econômico-comunitário (conceitos dados pelos entrevistados), equipe interinstitucional, engajamento dos técnicos, participação da comunidade e formação dos empreendedores.

Tomando como referência Huberman e Miles (1991), que definem "a análise de dados qualitativos como um processo contínuo e interativo" (p. 37), nossa análise de dados seguiu essa recomendação, ou seja, foi realizada de forma bastante participativa em duas etapas distintas, mas não excludentes, visto que ambas se complementam: a pré-análise pelo CHD e a análise global pelo método hermenêutico-dialético. Nessa dinâmica, seguimos outros autores como Botin (1997, p. 133), que sublinha não ser possível tratar os dados de uma só forma. Por isso, para preservar e garantir a transcrição das informações obtidas com fidelidade, recorremos ao trabalho de transcrição de cada entrevista, realizado por um especialista isento de qualquer ligação com os quatro grupos de nossa pesquisa.

Para maior garantia da validade interna e credibilidade de nosso estudo, lançamos mão do trabalho "interjuge" de dois colegas que faziam parte de nossa equipe de apoio. Portanto, visando tanto à maior confiabilidade possível quanto à categorização de dados, recorremos a esses dois professores por estarem isentos de qualquer ligação com os grupos entrevistados.

Nesse trabalho "interjuge", inicialmente foi realizado um trabalho de categorização dos dados por cada um dos dois professores convidados. Depois, houve um trabalho de equipe, do qual participamos ativamente juntamente com esses colegas, que já haviam realizado uma categorizaçao. Coleti vamente, fizemos uma checagem de todos os dados para obtenção do quadro geral e definitivo dessa categorização.

Sem sombra de dúvida, a colaboração do *grupo de apoio*, também chamado de *comitê de pilotagem*, para definição e elaboração dos instrumentais de pesquisa e no trabalho de categorização dos dados, foi importante para eliminação da subjetividade da pesquisadora. Esse procedimento nos facilitou a análise dos dados, eliminando a subjetividade que, no dizer de Minayo (2004, p. 197), "leva o pesquisador a sucumbir à magia dos métodos e técnicas, esquecendo-se do essencial, isto é, a fidedignidade às significações presentes no material e referida a relações sociais dinâmicas".

Por esse detalhamento, o leitor(a) poderá perceber que no processo metodológico dessa pesquisa houve um *trabalho interativo*, no qual se tinha como objetivo a análise e descrição da realidade pesquisada com maior precisão possível, conforme nos diz Laperrie (1993): "passamos de uma visão única da realidade para uma interpretação interativa e diversificada dos dados" (p. 127-137).

Assim, dessa afirmativa podemos afirmar que, em nossa pesquisa, referente à análise do processo de formação dos especialistas em associativismo pela UFRPE, é simples em si mesma, mas, ao mesmo tempo, complexa, na medida em que foram analisados os impactos dessa formação na prática desses especialistas em toda dinâmica da realidade socioeconômica, interinstitucional e a historicidade dos contextos de trabalho. Está aqui, portanto, exemplificado o processo de categorização de dados para uma efetiva análise através de um processo interativo entre diversos atores sociais: professores, diplomados pela UFRPE, técnicos e líderes comunitários.

5.4 Categorização de dados

Conforme se pôde verificar no item anterior, a metodologia interativa pressupõe uma coleta de dados de forma sistemática, de idas e vindas através do diálogo com os atores sociais; portanto, não é simplesmente um processo acumulativo. Por se tratar de uma abordagem qualitativa, na metodologia interativa a categorização de dados é um processo dialético, flexível permitindo ao pesquisador(a) voltar ao campo quantas vezes se fizer necessário para complementações de informações que não foram dadas durante o círculo hermenêutico-dialético.

Na fase de classificação de dados são definidas as categorias empíricas, decorrentes dos tópicos das entrevistas e de cada questão aplicada na pesquisa de campo. As respostas obtidas devem ser classificadas criteriosamente, observando-se as respostas similares ou convergentes para se definirem as unidades de análise que são trabalhadas à luz da fundamentação teórica. Para melhor compreensão da categorização dos dados, recomendamos ao leitor(a) uma volta ao item anterior, em especial ao processo de elaboração do quadro geral das categorias que é demonstrado através do quadro 1.

5.5 Relação entre teoria e análise de dados

Conforme já foi descrito e recomendado nos itens anteriores, a leitura exaustiva dos autores(as) oferece subsídios para o delineamento do quadro teórico, no qual definem as categorias teóricas. Por sua vez, essas categorias remetem à definição dos instrumentais para a pesquisa de campo. Esses dão origem às categorias empíricas e nos levam a sistematizar todas as informações obtidas através das unidades de análise.

Uma vez realizada a categorização de dados, inicia-se o processo de análise dos dados coletados. Essa análise é feita a partir da teoria já bem fundamentada no marco teórico do objeto de estudo. O procedimento de análise pode ser realizado por bloco das unidades de análise, ou por cada unidade de análise, tendo como referencial a teoria subjacente. Nesse processo, o pesquisador(a) vai fazendo sua análise, podendo citar ou não pequenos trechos de autores que dão sustentação teórica à pesquisa.

É preciso entender que não se faz necessário estar realizando novamente uma construção teórica através da análise do pensamento dos autores(as), pois neste momento, ao analisar os dados, o pesquisador(a) é que deve construir sua teoria. Quando se reporta a um determinado autor(a) já trabalhado na fundamentação teórica deve, então, fazê-lo ser de forma rápida, apenas para dar maior sustentação ao processo de análise.

Acredita-se que, após todas essas explicações e o exemplo detalhado no quadro 2, o leitor(a) já se deu conta de que existe de direito e de fato uma relação ou, melhor dizendo, uma interação precisa entre a teoria e a análise de dados. Para dar ainda mais fundamento a essa afirmação, observamos mais um quadro demonstrativo no qual se faz uma análise de dados já classificados em *categorias teóricas*, *empíricas* e *unidades de análise*.

Quadro 2
Formação em associativismo/cooperativismo

Categoria 1	UNIDADES DE ANÁLISE
Formação em associativismo	• Parceria entre UFRPE e US • Curso de Especialização em Associativismo • Relação entre associativismo/ cooperativismo • Experiências em associativismo • Forças e fraquezas do curso de associativismo

No quadro 2, a *categoria teórica* é o associativismo; a *categoria empírica* é a formação em associativismo e as *unidades de análise* se encontram na segunda coluna deste quadro.

Explicando melhor o exemplo citado nesse quadro, quanto à *análise de dados*, fizemos o seguinte percurso: tomamos como *referencial teórico* tudo que foi construído na fundamentação teórica sobre o *associativismo*. Por isso, chamamos a categoria teórica de associativismo.

Nesse exemplo, tivemos como *categoria empírica* (dado da realidade), um *item da entrevista* realizada junto aos atores sociais pesquisados: o que pensavam esses atores sobre o projeto de formação em associativismo da UFRPE.

As respostas obtidas foram sistematizadas e, assim, obtivemos as unidades de análise, que também podem ser chamadas de subcategorias. Enfatizando-se o que já foi dito no item anterior, essas unidades de análise podem ser *analisadas em bloco* ou, conforme o caso exija, deverá ser analisada uma a uma, fazendo-se a *interface* entre a teoria e a realidade empírica.

Ainda a título de ajudar o neófito(a) em pesquisa, e os que têm alguma dificuldade no processo de análise dos dados coletados, tomemos apenas as duas primeiras unidades de análise do quadro 2. Antes de demonstrar esse processo de análise, mais uma vez lembramos ao leitor(a) que só é possível a análise dos dados coletados na pesquisa de campo quando já temos concluído o referencial teórico, ou toda a fundamentação teórica de nosso objeto de estudo, e já estão delimitadas as categorias teóricas.

Lembramos ainda que, durante essa análise, é preciso que se faça uma breve referência aos autores(as) já trabalhados no quadro teórico e, se necessário, que se confrontem algumas pequenas citações desses autores(as) com a fala dos atores sociais pesquisados. Vejamos, agora, como nos comportamos em relação às duas unidades de análise citadas no quadro 2.

- **PARCERIA ENTRE A UFRPE/US**
  (primeira unidade de análise)

Tomemos a questão inicial de nosso referencial das entrevistas: o que pensam os professores(as) e os diplomados(as) a respeito do projeto de parceria entre a UFRPE e a US. As respostas se concentraram em três vetores: cooperação bilateral, cursos ministrados em parcerias com professores canadenses e a realização de estágios. Esse grupo assim se expressou:

> o acordo firmado entre as duas universidades permitiu a implantação e solidificação do Curso de Associativismo, que é inédito no Brasil, mas faltou o estabelecimento de uma efetiva cooperação mútua entre professores das duas universidades.

Segundo esses professores, faltou a realização de um trabalho integrado, em que houvesse o desenvolvimento de pesquisas, produção de artigos científicos e cursos ministrados em parcerias. De fato, se nos reportarmos às bases teóricas desse acordo bilateral, veremos que privilegia "as missões de ensino e realização de estágios de professores brasileiros no Canadá". O posicionamento desses profissionais se fundamenta, então, no argumento que diz respeito à ausência de pesquisas e artigos entre parceiros das duas universidades. Por outro lado, podemos constatar que houve uma efetiva participação de professores brasileiros em estágios na Universidade de Sherbrooke. Em relação a esses estágios, um dos professores desse grupo, que durante o período de um mês esteve no Quebec, assim se pronunciou:

> foi importante o contato com várias entidades do Quebec que trabalham no domínio do cooperativismo e visitas a algumas experiências, mas tudo ficou em nível individual.

Na visão geral do grupo, a cooperação mútua quanto à produção científica foi um aspecto negativo, ressaltando-se apenas uma experiência de ensino no interior do Programa de associativismo, de pesquisa e extensão (PAPE), entre um professor brasileiro e outro do Quebec. Todas as demais atividades que envolveram a presença de professores canadenses na UFRPE e de professores brasileiros em Sherbrooke foram efetivadas de forma unilateral.

Em nível individual, houve um significativo aperfeiçoamento profissional dos três professores componentes da coordenação do PAPE e de mais cinco docentes que tiveram oportunidade de apresentar seus trabalhos nos congressos da ACFAS no período 1995-1998.

Outro aspecto ainda levantado pelo grupo diz respeito à ênfase no cooperativismo, sem o estabelecimento de uma conexão entre as experiências em associativismo dos professores brasileiros com os docentes do Canadá que têm domínio na área do cooperativismo.

Em relação aos diplomados, as informações estão mais voltadas para os aspectos que eles consideraram positivos quanto aos cursos sobre desenvolvimento local e, mais precisamente, sobre dois cursos ministrados quanto à aplicação da metodologia de Lescarbeau, Payette e St-Arnaud (1990) para implantação de projetos de intervenção junto às associações e cooperativas. O grupo assim se expressou:

> as orientações para elaboração de projetos de intervenção passando pelo processo de se fazer um contrato de consultoria no meio em que tra-

> balhamos muito nos ajudou a estabelecer uma relação mais profissional em nosso ambiente de trabalho.

O que se pode entender a partir dessa afirmação é que os diplomados passaram a se organizar melhor, por meio de planejamento, para intervir na realidade e, consequentemente, realizaram um trabalho de melhor nível técnico. Por outro lado, os diplomados consideraram improdutivas as conferências e cursos ministrados no idioma francês. A esse respeito, também se posicionaram os professores:

> Consideramos que deve haver um esforço conjunto das duas entidades, para que os professores envolvidos em cursos e conferências falem em cada país o idioma vigente.

Pode-se inferir, a partir desse pronunciamento, que professores brasileiros, para participarem de estágios no Canadá, devem ter domínio suficiente do francês a fim de entenderem as comunicações que se fazem necessárias. Da mesma maneira, os docentes da Universidade de Sherbrooke que vêm ao Brasil devem falar o português. Ficou bastante evidenciado que o idioma foi uma das dificuldades no processo da comunicação, tanto para os professores como para os diplomados.

Quanto aos parceiros com outras entidades, foi levantada a questão das dificuldades de se estabelecer novas parcerias, pois a UFRPE nada tinha a oferecer em termos econômicos. Foi por isso que, ao longo das parcerias entre as duas universidades, não se tenham firmado novos acordos para dar continuidade ao processo de formação dos especialistas em associativismo. Atualmente, o curso já se encontra consolidado e a UFRPE assumiu o compromisso de dar continuidade ao processo através de novas parcerias com instituições interessadas nas questões do associativismo e desenvolvimento local (DL).

• CURSO DE ESPECIALIZAÇÃO EM ASSOCIATIVISMO

(segunda unidade de análise)

Fazendo-se a análise através da triangulação dos instrumentais de pesquisa, tais como as informações obtidas pelas entrevistas, observações e leitura dos documentos escritos sobre o curso de especialização em associativismo, em relação ao quadro teórico, ficou evidenciado que a formação dada pelo PAPE está centrada num referencial teórico voltado para o econômico e no cooperativismo. No conjunto, os professores acham que:

> O PAPE precisa abrir mais uma discussão em torno do associativismo, das diferentes formas de organização, da cooperação, do ato associativo e do funcionamento das associações e cooperativas.

Como se pôde perceber, os professores evidenciaram a necessidade de se rever a formação do especialista em associativismo, retomando a concepção inicial conforme as finalidades do acordo estabelecido entre as duas universidades. Em resumo, esse acordo visa à formação de técnicos para desenvolverem atividades formais e informais no domínio do associativismo/cooperativismo, dentro de uma perspectiva de DL. Portanto, essa revisão implica uma análise das diferentes formas de organização, estabelecendo-se as diferenças entre associações, cooperativas e empresas, conforme nos sugere Rech (1995). Um dos professores enfatizou:

> É preciso ir além da teoria econômica, das generalizações, legislação, estatutos e regimentos, para o entendimento das formas de organização popular e dos princípios da cooperação.

Essa afirmação foi corroborada pelos demais componentes do grupo, o que nos leva a entender que a formação associativista se encontra numa linha mais teórica, e está sendo negligenciado o confronto com o contexto das pequenas associações onde se encontra inserida a maioria da clientela do PAPE. Ressaltamos que as informações obtidas dessa categoria junto aos diplomados são semelhantes, visto que esses profissionais colocaram que tinham como objetivos essenciais um maior aprofundamento quanto ao associativismo em suas diferentes formas de organização, e assim se expressaram:

> [...] buscamos embasamentos teóricos para assessoramento às organizações populares em seus processos de comunicação, organização e gestão.

Em face dessa colocação, o grupo em sua totalidade concordou que o objetivo de todos era o aperfeiçoamento profissional. Acrescentaram, ainda, que esperavam atingir esse seu objetivo através do "intercâmbio de experiências", fato que nos levou a entender que os diplomados, já portadores de uma bagagem de experiências no domínio do associativismo em contextos populares, esperavam encontrar, no curso de associativismo, uma teorização mais relacionada com a prática desses profissionais. Os diplomados também manifestaram o desejo de que tanto a gestão e a autogestão deveriam ser mais aprofundadas no processo de formação associativista. Os professores também expressaram essa inquietação, considerando que:

> Esse estudo só é possível através de uma discussão sobre educação para a cooperação, para que se possa trabalhar os processos de gestão e autogestão em organizações associativistas.

Atendendo a essa expectativa, atualmente o PAPE vem trabalhando a disciplina Educação para a Cooperação. Somente dois diplomados do grupo entrevistado vivenciaram essa experiência, o que suscitou uma curiosidade por parte dos demais colegas no encontro coletivo para fechamento das entrevistas realizadas. A reação foi bastante positiva e alguns diplomados até demonstraram interesse de retornarem ao PAPE, visando cursar essa disciplina para um melhor aperfeiçoamento em práticas profissionais.

Correlacionando os dados que dizem respeito ao processo de comunicação no CEA, o corpo docente é de comum acordo que o curso de associativismo enfatize o estudo da gestão a partir da análise de organizações associativistas ou de cooperativas a partir do processo de comunicação. Consideram importante que se observe a comunicação verbal, e a não verbal, e que se estejam atentos aos níveis de comunicação interpessoal e/ou de grupos, e da rede informal, que faz a organização funcionar.

Esse enfoque dado por um professor foi aceito pelos demais colegas. E a síntese desse posicionamento teve como indicativo que o PAPE propicie maiores oportunidades aos alunos para que eles percebam a importância da comunicação na gestão dos processos organizacionais, seja nas associações, seja nas cooperativas. Quanto aos diplomados, as impressões gerais coincidem com as colocações feitas pelos professores. Os primeiros, em sua totalidade, consideram a disciplina Comunicação como sendo uma das prioritárias no processo da formação associativista.

Os dados dos diplomados quanto ao curso de associativismo evidenciam que a formação está mais direcionada para o econômico e o cooperativismo. Esse fato que reforça o posicionamento dos professores. Os diplomados enfatizaram a necessidade de o PAPE organizar encontros sistemáticos entre os professores das diversas disciplinas para que esses ajustem os conteúdos a uma formação mais direcionada ao associativismo.

Foi possível identificar, nesse pronunciamento, que os diplomados são portadores de experiências com movimentos populares na organização e assessoramento às pequenas e médias associações, às Associações Econômicas Produtivas (AEPs), ONGs e cooperativas, sentiram a necessidade de que o PAPE tivesse proporcionado uma discussão mais ampla sobre o associativismo durante o período de sua formação.

O que se pode constatar na fala dos diplomados é que eles têm uma clara concepção de que o ensino não deve ser uma mera transmissão de conhecimentos que, na pedagogia de Paulo Freire (1983), significa depósito de conhecimentos sem nenhuma ligação com a realidade onde vive o educando. Ou ainda, segundo o conceito trabalhado, a formação deve ser "uma prática de liberdade, um ato de conhecimento e análise crítica da realidade".

A constatação de que existe um ensino centrado nas teorias da economia e do cooperativismo remete-nos a essa concepção freireana, visto que as informações obtidas junto aos professores e diplomados demonstraram que existe, no processo da chamada formação associativista, uma forte conotação teórica, ou seja, são trabalhados conceitos, teorias com "uma frágil discussão para fazer a ligação da realidade com as teorias".

Face aos pronunciamentos de professores e diplomados durante as entrevistas e encontros realizados, levantamos alguns questionamentos, tais como: no interior do PAPE como se processa a troca de experiências? Quais são os elementos mais significativos nesse intercâmbio? Existe também um intercâmbio entre professores e alunos quanto às experiências associativistas?

Para formular tais questionamentos apoiamo-nos nas bases teóricas estabelecidas para implantação do curso de formação dos especialistas em associativismo, conforme nosso quadro teórico. Mesmo com as falhas identificadas pelos grupos entrevistados, ficou evidenciado através do conjunto de dados analisados que os atores sociais reconhecem que o Curso de Especialização em Associativismo tem bases sólidas, mas apontaram a necessidade de se pensar uma formação que proporcione uma reflexão mais interativa entre a prática associativista e a teoria trabalhada no curso.

Capítulo 6

Metodologia interativa como proposta para pesquisa qualitativa

Em regra geral, a *pesquisa qualitativa* ou *abordagem qualitativa* não tem sido utilizada com frequência nas áreas de *ciências exatas* e da *natureza*. Concretamente, existe certa desconfiança; isso porque na pesquisa qualitativa é priorizada a *análise crítica* através de um posicionamento holístico e sistêmico. É no mínimo curioso que, nessas áreas, se dê ênfase à análise quantitativa, visto que, na realidade, o quantitativo não deve excluir o qualitativo, pois ambos não são excludentes.

Sem dúvida, existe uma maior consistência quando os dados são analisados à luz da realidade objetiva, a partir de uma criteriosa análise crítica, e, quando necessário, utilizar alguns dados estatísticos. Para melhor entendimento da abordagem qualitativa, sugerimos que o leitor(a) faça uma nova leitura do segundo capítulo desta obra, no que concerne a este tipo de abordagem.

Informamos aos leitores(as) que atendendo a inúmeros pedidos, para que nesta se apresente exemplificações sobre a *Metodologia Interativa*, estamos incluindo um novo capítulo nesta direção. O sétimo capítulo desta obra traz uma novidade, que é a descrição detalhada de uma nova ferramenta didática, que a denominamos de *sequência didática interativa* (SDI). Esta nova ferramenta é um desdobramento da Metologia interativa, visando facilitar a produção de novos conhecimentos, a compreensão e elaboração de conceitos, bem como de temáticas que visem a construção de novos conhecimentos.

6. CONCEITO *VERSUS* DEFINIÇÃO

Levando-se em consideração a solicitação de alguns estudantes de pós-graduação quanto ao entendimento da diferenciação entre *conceito* e *definição*, aqui passamos a tratar de forma didática essa problemática. Espera-se que estas reflexões possam minimizar o chamado *obstáculo epistemológico* desses e de outros estudantes, e facilitar o melhor entendimento dos pressupostos teóricos da *metodologia interativa*.

6.1 O que é conceito

Filosoficamente, entenda-se por *conceito* uma ideia abstrata e geral, pois segundo Platão em seu diálogo *Théétète*, os conceitos têm sua origem no espírito, e não segundo as experiências (DIDIER, p. 147). Para esse filósofo todos os conceitos da experiência são relativos.

Existe aí uma questão filosófica quanto à realidade dos conceitos, visto que para alguns teóricos, como por exemplo Locke e Hume, o conceito é apenas um *nome*, enquanto, para Kant, o conceito é uma *realidade* que é determinada pelo espírito, ou, melhor dizendo, pela razão.

Já para Legendre (1993, p. 233), "o conceito é uma grade experimental que permite a uma pessoa avaliar situações, e se necessário antecipar e agir dentro da realidade". Para esse autor, o conceito é um *conjunto de percepções e crenças*.

Segundo Landsheere (1979, p. 58), o conceito passa a ser uma representação simbólica constituída pelas propriedades comuns a um conjunto de representações concretas. Isso significa que o conceito se reporta aos objetos diretamente observáveis.

Segundo Ferreira (p. 166), “o conceito é a representação de um objeto pelo pensamento, segundo suas características”. Acredita-se, portanto, que é possível se definir o conceito como sendo a construção no intelecto de uma ideia de objeto, fato ou fenômeno mediante as percepções emanadas da realidade segundo nossas experiências.

Em síntese, o conceito é um *quadro mental* que o ser humano vai formando desde a mais tenra idade, a partir do contato com a realidade, onde começa a dar nome aos objetos. Entre os dois aos três anos de idade (NOT, 1993), as crianças já formam conceitos genéricos tais como: cão, gato, automóvel, mesa, etc. Depois, as crianças, jovens e adultos começam a formar conceitos mais amplos, noções mais gerais para expressar o entendimento dos objetos, dos animais, de fatos, como por exemplo: a criança não se limita apenas a dar nomes aos animais, objetos, mas, no caso do nome gato, aprende que ele é um animal mamífero, assim como a baleia e muitos outros animais.

6.2 O que é definição

Quanto ao entendimento do que venha ser definição, vamos primeiramente buscar em Legendre (1993, p. 311), que nos diz: “a definição é a *determinação de limites* e de *significados* de um objeto, fato, nome, fenômeno”. Ou seja, epistemologicamente a definição é uma convenção lógica; a base de um saber é a formalização do conceito, uma explicação, *delimitação, determinação, precisão e especificação.*

Ainda para Legendre, a *definição* é uma proposição composta de termos precisos, conhecidos, que permitem conhecer um objeto segundo suas características (p. 74). Com base nesse autor, pode-se afirmar que *definição* é uma explicação precisa, uma significação do objeto de conhecimento. Portanto, a definição exprime a essência de um conceito. A definição é, pois, uma operação mental que determina os limites do objeto do pensamento, como nos diz Not (1993, p. 47).

6.2.1 Funções de definição

Para Downes (1997), uma *definição* pode ter uma ou mais das seguintes funções:

- Nomear o conceito, se a definição for nome.
- Estabelecer o conceito se é pela definição que ele é tornado público.
- Fazer conhecer as características do conceito. Nesse caso sua função é a de transmitir conhecimento.

Daí se pode inferir que a definição é bem mais complexa do que o conceito, visto que se faz necessário fazer a *contextualidade de definições*, pois segundo esse autor "um enunciado só é definição se for estabelecido o *contexto* em que se aplica e suposto *background* mínimo de quem a usa". Ex.: *animal racional* é uma definição para homem num *contexto da zoologia*, que pode ter pouco valor num *contexto metafísico*. Além disso, é necessário que se saiba o que é *animal* e o que é *racional*.

6.2.2 Tipos de definição

Ainda com base em Downes (1997), são cinco os principais tipos de definição:

1. *Nome*: é uma palavra ou locução que define um conceito. O nome tem com o conceito uma relação simbólica, ou seja, o nome é signo para o conceito.

2. *Definição analítica*: é aquela que delimita o conceito relacionando seus atributos, suas propriedades. A forma de uma definição analítica é uma conjunção de proposições.

3. *Definição classificatória*: é um tipo de definição analítica que se vale dos critérios de uma taxionomia.

4. *Definição por exclusão*: é a que diz que o conceito não é uma classe.

5. *Equivalência de definições*: duas definições se equivalem quando se referem ao mesmo conceito.

É preciso entender que na *construção do conhecimento* se faz necessário ter uma melhor clareza quanto às diferenciações entre conceito e definição. Este nosso posicionamento se legitima quando se verifica que em regra geral na academia e também em algumas produções científicas os termos conceito e definição são usados como se fossem sinônimos de uma mesma realidade.

É preciso entender que na *construção do conhecimento se faz necessário ter uma melhor clareza quanto às diferenciações entre conceito e definição*. Este nosso posicionamento se legitima quando se verifica que, em regra geral na academia e também em algumas produções científicas, os termos conceito e definição são usados como se fossem sinônimos de uma mesma realidade.

Entenda-se como conceito a *representação* ou *ideia* que se faz do objeto de estudo, sendo uma construção intelectual baseada na *realidade*. Exemplificando: suponhamos que alguém lhe pedisse para dizer o que você entende por ecologia; *o que você diria?* Talvez dissesse: preservação do meio ambiente, respeitar a natureza... Essas supostas respostas estão corretas. Elas são conceitos que você os formulou com base nos seus conhecimentos.

Finalmente, vamos entender que a *definição* requer uma maior clareza quanto à *delimitação* desse objeto, ou, melhor dizendo, a *definição* é um enunciado que *delimita* um conceito, sendo necessário identificar as suas funções e tipos. Retomando o exemplo do conceito de ecologia vamos agora dar uma definição, que nada mais é do que a sistematização do conceito. Com base no dicionário *Aurélio* (1988, p. 233), *a ecologia é uma parte da biologia que estuda as relações entre os seres vivos e o meio ambiente em que vivem.*

6.3 Dialética e hermenêutica: definições e sua importância

A *priori*, solicitamos aos principiantes em pesquisa que tentem entender os termos *hermenêutica* e *dialética* dentro de uma dimensão objetiva, sem nenhuma espécie de "medo" ou "desconfiança" quanto à utilização da metodologia interativa, por estar alicerçada nestas duas concepções[8]. Vamos agora trabalhar de forma mais consistente os conceitos e definições desses dois termos. Primitivamente, a *dialética* era conhecida como a arte do diálogo.

Quando duas pessoas se encontram cada uma tenta defender sua opinião. É a essa oposição que se dá o nome de dialética (LAROUSSE, 1995, p. 65). "Todo diálogo é dialético", já dizia Platão (In: *Dialogues Platon*). Vejamos o que dizem os prin-

8. Faço essa colocação por ter ouvido de uma mestranda: "professora, tenho medo quando vejo essas palavras tão sofisticadas e difíceis na sua metodologia". No momento em que ouvi tal expressão fiquei preocupada. No entanto, foi muito importante este episódio para explicar de imediato para os estudantes o significado desses dois termos. Portanto, entenda-se que *hermenêutica* é a arte ou técnica de interpretar textos, fala e que a *dialética* diz respeito a movimento e processo.

cipais representantes dessa concepção, além dos filósofos pré-socráticos já descritos no item 1 do primeiro capítulo sobre epistemologia. Vejamos agora as principais definições:

- Para Aristóteles, a dialética é a arte de argumentação e da negação. A dialética é a arte de construir um conhecimento verdadeiro. O homem não pode, de uma só vez, compreender que o saber é progressivo e dialético.
- Hegel e Marx falam de uma dialética de toda a realidade humana, não só do indivíduo, mas de toda a história da humanidade. A história se desenvolve segundo a lei da contradição: *escravatura* fundada no culto da força. O *acúmulo do capitalismo* (tese) suscitará sua destruição pela crise econômica dentro do comunismo (antítese); depois, o surgimento do *socialismo* (síntese).

- **HERMENÊUTICA**

A hermenêutica, considerada como *arte e técnica de interpretação de textos*, remonta à era pré-socrática, quando os gregos procuravam entender e preservar o que diziam os seus poetas e sábios.

Segundo Larousse (1995, p. 113), a hermenêutica é conceituada como sendo "a arte de interpretação de toda forma de expressão humana, dos sinais, símbolos religiosos e mitos". Para se construir o conhecimento, é necessário reconhecer o fato, a opinião (*tese*); identificar a opinião contrária (*antítese*); fazer o reconhecimento total do objeto (síntese = fato, opinião).

A hermenêutica dos fenômenos humanos requer uma compreensão e uma interpretação. É, portanto, dentro desta perspectiva que, em nossa metodologia interativa, utilizamos o termo hermenêutica, que também se apoia no conceito de

Gadamer apud Minayo (2004): "a hermenêutica é a busca de compreensão do sentido que se dá na comunicação entre autores" (p. 220). Logo, na *construção teórica da metodologia interativa* esse conceito se aplica na *pesquisa de campo*, quando passamos a analisar os dados obtidos junto aos atores sociais de nossas pesquisas.

6.4 *Metodologia interativa: um processo hermenêutico-dialético*

Tomando como base teórica o método pluralista construtivista ou *método da quarta geração* de Guba e Lincoln (1989), o *método de análise de conteúdo* de Bardin (1997) e o *método hermenêutico-dialético* de Minayo (2004), passamos a conceituar a *metodologia interativa* como sendo *um processo hermenêutico-dialético que facilita entender e interpretar a fala e depoimentos dos atores sociais em seu contexto e analisar definições*[9] *em textos, livros e documentos, em direção a uma visão sistêmica da temática em estudo.*

Para facilitar a compreensão dos leitores(as), passamos a explicar o conceito dessa nova proposta de pesquisa, especificando o significado de cada palavra-chave que foi utilizada na construção desse conceito.

9. Com base nas reflexões e fundamentos teóricos das diferenciações entre conceito e definição deste capítulo, é preciso entender que os livros didáticos, textos e documentos que tratam do tema em estudo/pesquisa estão formulados em termos de *definições*. Porém, nada impede que o leitor(a) queira trabalhar em sua pesquisa o seu "próprio conceito" sobre um determinado objeto, fato ou fenômeno. Porém é preciso lembrar que, na medida em que delimito e sistematizo o conceito, o que se escreve passa a ser *definição*: o procedimento metodológico que está recomendado na sistematização do conceito na *metodologia interativa.*

- A metodologia interativa é um processo hermenêutico-dialético que facilita entender e interpretar a fala e depoimentos dos atores sociais em seu contexto e analisar conceitos em textos, livros e documentos, em direção a uma visão sistêmica da temática em estudo.

Quadro 3
Análise das palavras-chave do conceito de metodologia interativa

TERMOS	SIGNIFICADOS
Metodologia	Processo que implica a utilização de métodos e técnicas.
Interativa	Fusão de *métodos* e *técnicas* de pesquisa, e adaptações segundo a *realidade* em estudo.
Processo hermenêutico-dialético	Interpretação da realidade em seu movimento (dialética).
Entender/interpretar	Trata-se de um mesmo movimento: ao mesmo tempo em que buscamos entender fatos e fenômenos, fazemos uma análise (interpretação da realidade) à luz de teorias.
Fala/depoimentos	O que dizem os atores sociais sobre a realidade pesquisada.
Atores sociais	Pessoas que fazem parte do objeto de estudo.
Contexto	Realidade empírica: local e/ou documentos que situam de forma geográfica e histórica o tema em estudo.
Visão sistêmica	As partes só podem ser compreendidas a partir da dinâmica do todo.

Essa nova proposta metodológica está alicerçada no novo paradigma da ciência contemporânea, que é o da *visão sistêmica*, em que a compreensão do processo de conhecimento deve ser dinâmico, sistêmico, em que tudo está interligado, ou seja, as partes só podem ser entendidas a partir da dinâmica do todo.

Quando falamos em *visão sistêmica*, é preciso ter presente o conceito de *sistema*, que, segundo Vasconcelos apud Bertaland (2004, p. 151), é "um conjunto de componentes em interação", que também pode ser considerado como totalidade, organização. Segundo essa autora, para se ter uma *visão sistêmica*, é preciso trabalhar de forma integrada três dimensões: *complexidade, instabilidade* e *intersubjetividade.*

Figura 3
Dimensões da mente sistêmica

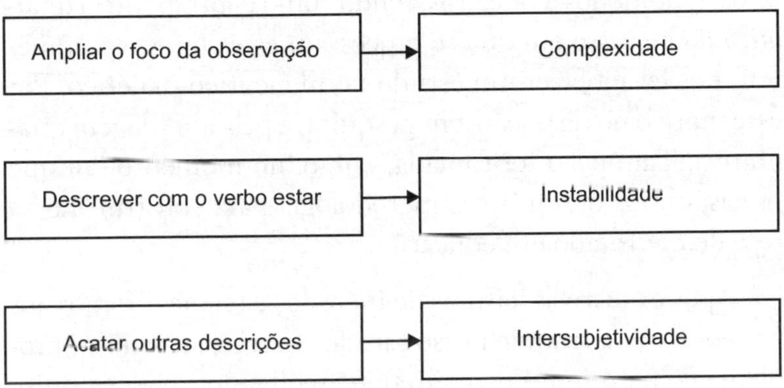

Fonte: Vasconcelos (2003, p. 151).

Conforme demonstrado na figura acima, entenda-se como *complexidade* a rede de interações que se vai percebendo ao afunilar a observação do fenômeno em estudo. Ao descobrir o dinamismo dessas relações, vai-se percebendo que o objeto de estudo, fenômeno ou sistema, é dinâmico, portanto dialético, em constante mudança, evolução, transformação, fato que gera uma *instabilidade*. Portanto, ao contextualizar o fenômeno em estudo, o observador se dá conta de que está *participando* do processo, ou seja, existe uma *intersubjetividade*.

Por entender a realidade como um processo, na qual fatos e fenômenos se apresentam em movimento, ou seja, conectados e em mutação, e, por sabermos que fazemos parte desse processo, concebemos nossa metodologia de pesquisa como um processo hermenêutico-dialético.

Essa nova abordagem pode ser trabalhada em dois níveis: como *pesquisa de campo* envolvendo diferentes atores sociais e como *análise de conceitos*, através de análises em livros didáticos, textos e documentos.

Não há como negar que em pesquisa a *interpretação* de fatos, fenômenos, conceitos, tendo como contraponto a *dinâmica do processo* em que se processam esses fatos e fenômenos, nos leva a fazer um estudo hermenêutico-dialético. Por esse motivo nossa opção, em pesquisa, é pela abordagem qualitativa. Tal opção foi tomada, então, no momento em que precisávamos definir uma metodologia para construir nossa tese de doutorado em educação.

Após exaustivas leituras de métodos e técnicas fomos aos poucos sistematizando nosso estudo em relação ao nosso problema de pesquisa. Foi assim que escolhemos, para *pesquisa de campo*, a técnica do círculo hermenêutico-dialético (CHD), do método pluralista construtivista ou da quarta geração de Guba e Lincoln (1989). Segundo esses autores, o CHD por si só permite a análise dos dados, mas, buscando um melhor aprofundamento tanto quanto à aplicação dessa técnica como quanto à análise final dos dados, fomos fazendo algumas adaptações em relação ao procedimento da coleta de dados.

Através de um pré-teste descobrimos que a técnica do círculo hermenêutico-dialético é um excelente instrumento para a pesquisa de campo. Também percebemos que necessita de uma complementação teórica para uma análise em profundidade dos dados coletados na pesquisa de campo. Fomos então fazendo adaptações, e percebemos que o método hermenêutico-dialético de Minayo é consistente e bastante eficiente para dirimir o impasse em que nos encontrávamos na construção de nossa tese de doutorado em educação.

Ao concluir o processo do círculo hermenêutico-dialético, surgiu o impasse para a análise final dos dados coletados, visto que o CHD só dá conta de uma pré-análise através de uma interação constante entre os diferentes atores sociais e pesquisador(a).

Na busca incessante de encontrar uma resposta para nosso impasse, fomos encontrar, no método hermenêutico-dialético de Minayo, a complementaridade que buscávamos. Foi exatamente durante esse processo que chegamos à conclusão de que esses dois métodos não são excludentes, e que, curiosamente, trazem a mesma terminologia: *hermenêutica-dialética*. Esse nosso posicionamento foi se consolidando após a defesa de nossa tese de doutorado, quando voltamos ao Brasil e começamos a trabalhar esse procedimento metodológico com alunos dos programas de pós-graduação *stricto sensu*.

A aplicabilidade da metodologia interativa por alguns desses alunos nos levaram a dar um novo passo na sistematização dessa metodologia, quando nos foi solicitado por alguns deles sugestões para trabalhar a questão de *conceitos* em livros didáticos. Recomendamos a utilização dos fundamentos da técnica da análise de conteúdo de Bardin (1977) que, por sinal, já se encontra implícita no método de Minayo. A prática da metodologia interativa nos tem levado a novas adaptações e hoje ela se encontra consolidada em dois níveis:

- Pesquisa de campo: coleta de dados na realidade empírica, envolvendo diferentes grupos sociais.
- Análise de definições em livros didáticos, textos e documentos.

Assim procedendo desde o ano 2000, estamos orientando mestrandos e doutorandos. E, com as adaptações já mencionadas, temos obtido resultados bastante animadores, motivo pelo qual intitulamos essa nova proposta de pesquisa de *Metodologia interativa: um processo hermenêutico-dialético*.

Vamos, então, ao processo de sistematização da metodologia interativa. Em sua obra *O desafio do conhecimento*, Minayo (2004), ao fazer uma análise sobre as discussões teóricas em torno da *dialética* e da *hermenêutica*, com ênfase em Gadamer, Habermas e nas discussões sobre os métodos de *análise de conteúdo de Bardin*, afirma que o método hermenêutico-dialético "é o mais capaz de dar conta de uma interpretação aproximada da realidade".

Esse método coloca a fala em seu contexto para entendê-la no seu interior e no campo da especificidade histórica e totalizante que é produzida. É importante observar que, neste conceito, se fala de interpretação aproximada da realidade, isso porque não nos é possível chegar a uma interpretação total da realidade, visto que no processo do conhecimento não *existe consenso*, dado ao limite de nossa capacidade de objetivação. Para operacionalização desse método de análise devemos seguir dois níveis:

- *Nível das determinações fundamentais*: que significa situar, no tempo e no espaço, o objeto de estudo (contexto histórico-social). Nesse nível definimos nosso marco teórico que será a base de sustentação na análise de dados obtidos na pesquisa de campo.

- *Nível de encontro com os fatos empíricos*: confronto dos dados obtidos na realidade pesquisada. Esse nível implica também na análise das representações dos atores sociais (suas concepções, pontos de vista, experiências).

Ainda nos reportando ao contexto de nossa tese, em que procuramos entender as concepções de professores e diplomados pela UFRPE, técnicos da prefeitura do município de Camaragibe/PE e representantes das zonas administrativas dessa cidade, vamos pontuar os dois níveis acima descritos para melhor entendimento do leitor(a).

Quanto ao *nível das determinações fundamentais*, procuramos compreender o contexto histórico, sociocultural, político, econômico e educacional dos atores sociais, bem como o *porquê* da opção pelo curso de especialização em associativismo, o significado e a importância do projeto bilateral UFRPE-US e o Programa de Desenvolvimento Local assinado pelo prefeito de Camaragibe em parceria com entidades que trabalham em nível nacional, estadual e municipal. Nessa fase, levantamos o perfil de cada grupo envolvido nesse projeto e definimos nosso marco teórico em três categorias: associativismo, cooperativismo e desenvolvimento local.

No que diz respeito ao *nível de encontro com os fatos empíricos* fizemos a análise dos dados obtidos através de observações, questionários e entrevistas à luz do nosso marco teórico, conforme detalhamento no item 6 do quarto capítulo desta obra. Observando o processo de análise que é demonstrado nesse item, podemos deduzir que o segundo nível do método hermenêutico-dialético é muito importante, por ser um *processo interativo* entre a *fase inicial*, no qual fazemos a contextualização, definição e construção do marco teórico, e a *fase final* que implica na análise dos dados empíricos em relação ao quadro teórico construído.

Reforçando a importância da análise de dados, vamos encontrar em Minayo (2004, p. 232) a seguinte afirmativa:

> No momento concreto da interpretação dos dados, o sentido da totalidade se refere ao nível das determinações como ao recurso interpretativo pelo qual se busca descobrir as conexões que a experiência empírica mantém com o plano das relações essenciais.

Ainda nos reportando ao contexto de nossa tese, na análise interativa (hermenêutico-dialética), procuramos interpretar o nosso objeto de estudo em três dimensões: histórica, contexto sociocultural e a *práxis* dos atores sociais. O que temos de inovador nessa proposta está na forma de articulação dos dois métodos de pesquisa em que trabalhamos de forma interativa o círculo hermenêutico-dialético (GUBA e LINCOLN, 1989), e o método hermenêutico-dialético (MINAYO, 2004), com as adaptações e acréscimos que se fizeram necessários na dinâmica do processo de nossa construção teórica, com base na realidade empírica.

A aplicação da metodologia interativa foi e está sendo uma prática interessante, porque a justaposição e interação desses dois métodos nos permite eliminar de forma significativa a *subjetividade* do pesquisador(a), tanto no processo de coleta de dados, bem como na análise de dados. Isso porque a interpretação da realidade é feita de forma interativa, pois, durante a coleta de dados, existe uma pré-análise feita diretamente pelos atores sociais e, em um segundo momento, entre esses atores e o pesquisador(a). Esse fato muito contribui para se fazer a análise final dos dados.

Falamos em eliminar ao máximo a subjetividade porque, em regra geral, o iniciante em pesquisa, quer queira ou não, tem a tendência de fazer análise sobre o seu ponto de vista, e às vezes esquece que *é a realidade que nos fala*, e não o que nós achamos ou pensamos a respeito dela; portanto, são os atores sociais que, através de suas falas, nos fazem compreender a realidade. Vamos, portanto, entender o processo de coleta de dados através do item a seguir.

6.4.1 Círculo hermenêutico-dialético

A metodologia da chamada *quarta geração* ou *metodologia pluralista construtivista* (GUBA e LINCOLN, 1989) apresenta a técnica do círculo hermenêutico-dialético (CHD) como um procedimento metodológico bastante dinâmico, em constante interação entre as pessoas através do vai e vem no processo de realização das entrevistas, conforme se pode verificar na figura 4. Ainda segundo esses autores, a utilização do CHD merece uma constante atenção tanto no processo de coleta de dados como na fase de interpretação das informações. Fazendo uma análise dessa metodologia, Allard (1997) assim se coloca:

> O círculo hermenêutico-dialético é um processo de construção e de interpretação hermenêutica de um determinado grupo [...] através de um vai e vem constante entre as interpretações e reinterpretações sucessivas (dialética) dos indivíduos (p. 50-51).

Como o círculo hermenêutico-dialético é uma relação constante entre o pesquisador(a), os entrevistados e o comitê de pilotagem ou grupo de apoio, configura-se como um processo dialético, que supõe constantes diálogos, críticas, análises, construções e reconstruções coletivas. Através do contínuo vai e vem é possível se chegar o mais próximo possível da realidade, chamada de "consenso" pelos autores Guba e Lincoln.

Exemplificando essa técnica, informamos ao leitor(a) que esse procedimento metodológico foi utilizado exaustivamente junto aos quatro grupos de nossa pesquisa: professores, diplomados, técnicos e líderes comunitários. Tomamos como exemplo, para descrever o CHD, o grupo dos diplomados do PAPE, que é representado na figura abaixo.

Figura 4
O círculo hermenêutico-dialético

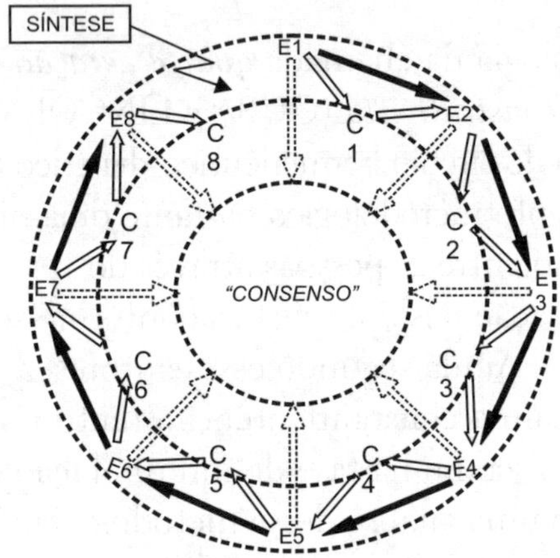

Procedimento metodológico
E = Entrevistado C = Construção teórica

Fonte: Guba e Lincoln, 1989.

Utilizando o processo do círculo hermenêutico-dialético[10] em nosso estudo de caso, vivenciamos uma experiência

10. Na Figura 4, o primeiro círculo pontilhado representa o grupo de entrevistados; o segundo ciclo simboliza a dinâmica do vai-e-vem das construções e reconstruções teóricas (síntese de cada entrevista e por grupos). Tomamos como referência o grupo dos oito diplomados do PAPE, sendo representado pela letra E (entrevistado), e a síntese das entrevistas por C (construção teórica). Assim procedendo, temos na figura citada: o resultado da primeira entrevista (E1) que foi levada à segunda pessoa e que, após dar suas respostas, recebeu a síntese da entrevista anterior e fez seus comentários, juntando novos elementos. No caso citado é representado por C1 e assim sucessivamente até o último entrevistado. O terceiro círculo, em cujo centro aparece a palavra "con-

bastante dinâmica, visto que essa técnica facilitou a comunicação entre as pessoas entrevistadas e, durante as reuniões por grupos, houve um maior entrosamento entre os técnicos e líderes comunitários. Agindo dessa maneira, foi-nos possível chegar a uma pré-análise dos dados coletados, uma vez que, após cada entrevista realizada, era estabelecido um diálogo direto com o entrevistado, fazendo-se comentários entre o que disse o entrevistado(a) anterior, e o que acabava de ser dito e gravado[11].

A aplicação da técnica do CHD muito nos ajuda no aprofundamento das reflexões coletivas para melhor percepção da realidade estudada. A maior contribuição dada pelo emprego dessa técnica diz respeito à pré-análise por cada entrevistado(a) e por cada grupo entrevistado. Esse procedimento, além de minimizar a subjetividade do pesquisador(a), facilita a elaboração da síntese final.

E, como essa técnica não tem nenhum esquema fechado segundo Guba e Lincoln (1989, p. 152), nós a utilizamos fazendo algumas adaptações à realidade, como, por exemplo, ao final de todas as entrevistas, foi promovida uma reunião para discussão dos dados obtidos. Nessa reunião foram colocados todos os dados para serem comentados e se obter novas informações. Assim procedendo, além de se ter de cada entre-

senso", representa o resultado do encontro final com todas as pessoas entrevistadas. Nesse encontro, foi apresentado o resultado global das entrevistas realizadas para comentários e novos aportes dando-se aí o fechamento da pré-análise dos dados (visão parcial da realidade estudada em movimento).

11. Recomenda-se que se elabore um roteiro de entrevista e que, para cada pessoa selecionada, seja aplicado o mesmo roteiro e gravada a fala de cada entrevistado(a). Jamais o pesquisador(a) deverá *induzir* as respostas, limitando-se apenas a solicitar que as pessoas falem livremente sobre o que pensam sobre cada item do instrumental de pesquisa.

vistado(a) uma pré-análise, foi possível se obter uma pré-análise de todos os dados coletados.

6.4.2 Coleta de dados

Levando em consideração a flexibilidade da aplicação da técnica do círculo hermenêutico-dialético, tomamos a decisão de fazer algumas adaptações segundo o contexto da realidade pesquisada. Por isso, recomendamos aos que desejarem utilizar essa técnica que procedam da mesma forma, ou seja, que, havendo necessidade ou dificuldades quanto à aplicação em todos os seus segmentos, que seja feita alguma adaptação segundo o contexto da pesquisa. Por exemplo, reunir todos os entrevistados não é fácil, mas é importante. Se for o caso, elimina-se esse segmento e se trabalha na análise os dados obtidos de cada entrevistado(a).

Duas outras inovações na construção da metodologia interativa estão na criação de um grupo de apoio ou comitê de pilotagem e na análise "interjuge", que são explicadas no item 2.1.2 deste capítulo.

Considerando-se que, para aplicação do CHD, já esteja construído o marco teórico e o estabelecimento das categorias teóricas, tal procedimento faz sentido, visto que o roteiro das entrevistas e a elaboração do questionário devem estar em consonância com o referencial teórico que, por sua vez, facilita a análise dos dados.

Ainda visando eliminar ao máximo a subjetividade e obter informações complementares ao que se obtém com a aplicação de questionários e entrevistas, deve-se recorrer ao *testemunho* de algumas lideranças ou representantes da comunidade que possam oferecer subsídios para o resgate histórico da realidade em estudo sobre a realidade pesquisada.

No caso concreto de nossa pesquisa, utilizamos como dado complementar o "testemunho"[12] de pessoas da comunidade da cidade de Camaragibe/PE para entender a formação histórica dessa cidade, objeto de nosso estudo. Tal estratégia visava realizar a triangulação que nos permitisse descrever a realidade com objetividade, como bem nos assinala Mucchielli (1996):

> É necessário ser prudente para assegurar ter compreendido a realidade segundo as experiências vivenciadas pelos atores, visto que a essência do estudo de caso é explicitar a pertinência dessas experiências (p. 79).

6.4.3 Equipe de apoio

Entenda-se como equipe de apoio a formação de uma equipe ou comitê de pilotagem, na tentativa de obter sugestões e uma possível disponibilidade para eventuais contatos para discussões tanto na escolha dos referenciais teóricos como na elaboração dos instrumentais e definição do(s) grupo(s) a serem pesquisados. Em nossa experiência, nossa equipe de apoio contou com um professor, um representante de quatro turmas de diplomados, um técnico da prefeitura de Camaragibe e um líder comunitário.

12. Os contatos realizados com alguns técnicos que lideraram ou participaram ativamente de grupos durante o grande movimento popular de 1964, descendentes dos antigos membros da primeira cooperativa de consumo do Brasil, da fábrica de tecidos de Camaragibe e da primeira vila operária da América Latina, nos permitiram recorrer à memória oral desses fatos. Através do registro em fitas-cassete desses depoimentos e do acesso que essas pessoas nos deram a documentos de uso pessoal foi possível descrever o perfil de Camaragibe. Os dados obtidos foram substanciais para construção de nossa tese de doutorado.

6.4.4 Retorno ao campo

Por se tratar de um processo hermenêutico-dialético, a metodologia interativa é dinâmica e flexível. É por isso que, havendo necessidade de um melhor aprofundamento dos dados coletados, é possível se voltar ao campo para entrar em contato com os atores sociais tantas vezes quantas se fizerem necessário.

Reforçando essa afirmação, entre as dissertações já defendidas na UFRPE que apresentaram resultados inovadores, os mestrandos após a análise inicial dos dados através do círculo hermenêutico-dialético descobriram que precisariam voltar ao campo para complementar sua coleta de dados.

Destacamos um caso bastante interessante em que o mestrando, ao começar a análise de dados, percebeu que era possível identificar nas falas dos atores sociais as três categorias fundantes da pedagogia freireana, quais sejam: *conscientização*, *criticidade* e *mudança*. Esse mestrando voltou ao campo ou, mais precisamente, à escola onde trabalham os professores(as) entrevistados.

Após conversar com esses professores para complementar seus dados, ficou acordado entre esses educadores e o pesquisador a realização de uma oficina pedagógica sobre essas três categorias. Nessa oficina, houve uma construção coletiva e tanto os educadores como o pesquisador tiveram seus ganhos acadêmicos. O resultado dessa oficina foi surpreendente, tanto na construção de um novo conhecimento como na efetiva aplicabilidade da construção sobre o significado de cada categoria da pedagogia de Paulo Freire, que passou a ser trabalhada no cotidiano das salas de aula.

6.4.5 Categorização de dados

Com base nos procedimentos descritos nos itens anteriores deste capítulo, o passo seguinte da metodologia interativa é a classificação dos dados coletados. Faz-se então uma *matriz geral* desses dados (veja modelo no quadro 1) para, logo a seguir, formar quadros sobre as categorias empíricas e unidades de análise, conforme se pode observar em nosso exemplo apresentado no quadro 2. E agora, reforçando nossos exemplos, passamos ao detalhamento dos passos básicos da metodologia interativa:

PRIMEIRA FASE

- Construção e aplicação dos instrumentais de pesquisa: questionários e entrevistas através da técnica do círculo hermenêutico-dialético.
- Coleta de dados e análise simultânea, respeitando-se totalmente a fala e informações dos atores no tratamento dos dados tanto em nível individual como nas sínteses por grupos.
- Identificação através de diálogos dos *aspectos essenciais* junto a cada pessoa entrevistada.
- *Síntese* das informações após cada entrevista e análise dos comentários e das sugestões oferecidas por cada entrevistado(a) e por grupos.
- Condensação dos dados, estabelecendo-se quadros de categorias (categorias gerais ou teóricas, categorias empíricas e unidades de análise (veja exemplo, observando o quadro 1).

SEGUNDA FASE

- *Nível das determinações fundamentais*: construção do perfil das pessoas entrevistadas e grupos entrevistados.
- *Nível do encontro com os fatos empíricos*: observações participantes, análise coletiva das informações e depoimentos.
- Classificação dos dados em blocos: categorias teóricas (ou gerais), categorias empíricas e unidades de análise.
- Análise geral dos dados coletados à luz do marco teórico. Em alguns grupos da categorização trabalhamos uma a uma as unidades de análise, conforme exemplo que apresentamos no quadro 2. Em outros quadros da categorização dos dados, trabalhamos, por bloco, as unidades de análise.

6.5 Análise interativa hermenêutico-dialética

Em síntese, para análise dos dados de forma interativa, recomenda-se que após a classificação dos dados já pré-analisados durante a aplicação da técnica do círculo hermenêutico-dialético deve-se proceder à análise geral dos dados, tendo bem presente os dois níveis do método hermenêutico-dialético proposto por Minayo (2004). Para melhor entendimento do processo de análise interativa hermenêutico-dialética, recomenda-se ler atentamente o modelo de análise já demonstrado no quadro 2.

Na metodologia interativa, a aplicação do CHD e a análise de dados, fazendo-se uma convergência com o método hermenêutico-dialético de Minayo, exige uma revisão rigorosa de literatura pertinente ao objeto de pesquisa. Nesse procedimento metodológico, a categorização de dados se configura como um processo que exige o máximo de atenção na codificação dos dados, conforme se pode observar na construção da matriz geral que é apresentada a título de sugestão no quadro 1.

A metodologia interativa, por ser um processo dialético, nos permite flexibilidade quanto à aplicação dos métodos e técnicas, e isso nos leva a vivenciar de direito e de fato um processo dinâmico e sistêmico. Por isso, recomenda-se aos principiantes na aplicação dessa metodologia que, na pesquisa de campo, procurem deixar cada pessoa entrevistada bem à vontade para falar espontaneamente de suas experiências e de suas representações em relação ao objeto de estudo. Alguns ajustamentos possivelmente serão necessários segundo a realidade de cada pessoa pesquisada, cabendo ao pesquisador(a) desenvolver a criatividade para fazer os ajustes que possam ser mais adequados à pesquisa de campo.

6.6 Síntese da metodologia interativa hermenêutico dialética

BASES TEÓRICAS

- Método pluralista construtivista ou da "quarta geração": círculo hermenêutico-dialético (GUBA e LINCOLN, 1989).
- Método hermenêutico-dialético (MINAYO, 2004).

PROCEDIMENTOS

1. Consistente revisão de literatura.
2. Identificação das *categorias teóricas* (fundamentos para construção dos instrumentos de pesquisa e análise de dados).
3. Seleção dos instrumentos de pesquisa (análise de documentos, observações, entrevistas, questionários).
4. Formação de uma *equipe de apoio*: consultar alguns profissionais que têm domínio na temática da pesquisa; convidar um representante de cada grupo a ser pesquisado para discussões, visando colher sugestões para elaboração dos instrumentais de pesquisa e avaliação dos resultados.
5. Construção dos instrumentos de pesquisa.
6. Realização de um pré-teste: comprovação e/ou surgimento de novas categorias teóricas.
7. Aperfeiçoamento dos instrumentais de pesquisa.
8. Aplicação das entrevistas e questionários.
9. Categorização dos dados fazendo a classificação segundo as categorias teóricas para *identificação das categorias empíricas* (tomando como base a *formulação dos itens* das entrevistas e/ou *perguntas elaboradas*) e *unidades de análise* (dados obtidos na pesquisa de campo).
10. Análise dos dados à luz da fundamentação teórica.

6.7 Exemplificando a pesquisa de campo

Para melhor entendimento quanto à aplicabilidade da metodologia interativa como pesquisa de campo vamos nos reportar ao estudo inicial para concepção dessa nova abordagem qualitativa de pesquisa. Em nossa tese de doutorado tivemos como objeto de estudo ou como questão central *buscar entender e compreender se a UFRPE prepara adequadamente o técnico em associativismo/cooperativismo em direção ao desenvolvimento local.*

Para atender esse objeto de estudo, nossa amostra foi construída por quatro grupos de pessoas implicadas no processo de formação do especialista em associativismo/cooperativismo (professores e coordenação) e nas atividades exercidas pelos diplomados do Curso de Especialização em Associativismo (técnicos, líderes comunitários). Excetuando-se as entrevistas realizadas com o grupo de professores na UFRPE, todas as demais pessoas foram selecionadas na Prefeitura de Camaragibe[13], sendo que algumas foram selecionadas nas empresas onde trabalham os diplomados e outras, nas zonas administrativas de Camaragibe.

As primeiras entrevistas foram realizadas com os diplomados, levando-se em conta as disponibilidades de tempo, com os devidos ajustes por ocasião de imprevistos que surgiram durante o processo da pesquisa de campo. As entrevistas foram bastante livres, deixando cada entrevistado se colocar quanto aos aspectos positivos e negativos em sua formação no interior da UFRPE. O mesmo procedimento foi utilizado para os demais grupos. Aos poucos, fomos fazendo adaptações ao CHD e nos baseamos na análise de Allard (1996):

> A informação obtida não pode ser limitada ao que diz cada participante do grupo, mas ao con-

13. O município de Camaragibe faz parte da região metropolitana da cidade do Recife, e fica localizada a 17km da capital pernambucana. Em 1992 foi implantado nesse município um programa de desenvolvimento local, em parceria com doze entidades. Oito técnicos diplomados da UFRPE que trabalhavam nesse programa se constituíram a amostra de nossa pesquisa.

> junto dos entrevistados. É possível se utilizar informações de cada grupo com cruzamento dos dados para análise. O mesmo procedimento se utiliza na pesquisa de documentos, na literatura, que servem como referenciais para construção dos analectos (proposições, observações, críticas e sugestões) (p. 52).

Os resultados da aplicação do CHD em triangulação com os documentos, testemunhos de pessoas da comunidade e as observações no campo, conduziram-nos com segurança à análise final dos resultados.

Para facilitar a compreensão e a possível aplicabilidade da metodologia interativa por parte dos neófitos em pesquisa, apresentamos a trajetória da pesquisa que realizamos sobre *A formação do técnico em associativismo/cooperativismo em direção ao desenvolvimento local na Região Nordeste do Brasil*[14]. Logo após essa apresentação faremos a *explicação* de como se faz a *pesquisa de campo* e *análise de conceitos* em livros didáticos, textos e documentos através da *metodologia interativa*.

Uma vez definido o objeto de estudo, o passo seguinte é ter *disciplina acadêmica*, que implica organizar um cronograma de estudo, determinando a carga horária e a seleção do material a ser estudado diariamente. Logo a seguir, é preciso fazer o planejamento geral da pesquisa a ser realizada, o que pressupõe uma precisão quanto aos objetivos, hipótese(s), fundamentação teórica e definição de método(s) e técnica(s). Reforçando essa recomendação, em nossa experiência vivenciamos o seguinte procedimento:

14. Esta pesquisa trata da análise de um projeto interinstitucional entre a Universidade Federal Rural de Pernambuco (UFRPE) e a Universidade de Sherbrooke (US). Foi um estudo entre a Academia (UFRPE) e um contexto popular representado pela cidade de Camaragibe/PE, onde se concentra o maior número de técnicos formados por essa universidade.

Planejamento da pesquisa

Sem nenhuma dúvida, o passo inicial para se operacionalizar uma pesquisa de campo reside no planejamento detalhado de cada etapa, conforme se pode conferir no exemplo a seguir, que foi construído para a primeira etapa da construção de nossa tese de doutorado:

Quadro 4
Etapas da pesquisa de campo

DESCRIÇÃO DAS ETAPAS	DETALHAMENTO
1. Contatos com a direção geral do Projeto UFRPE-US e coordenação executiva do PAPE Leitura de documentos sobre o projeto bilateral UFRPE-US Período: agosto 1997	Diálogo com os responsáveis do projeto bilateral para fornecimento de informações sobre nossa pesquisa e discussões para o estabelecimento de critérios e duração de nosso trabalho. Análise do conteúdo dos documentos visando situar a problemática da pesquisa.
2. Contatos com os profs. e diplomados Período: 01 a 05 setembro 1997	Convite para formação de um grupo de estudos para discutir a metodologia de pesquisa e formação do comitê de pilotagem.
3. Reunião do estudos e visitas à cidade de Camaragibe Observações no campo Coleta de dados Período: 06 a 14 setembro 1997	Escolher os instrumentos para elaborar o guia das entrevistas e definir a amostra. Preparação das entrevistas com o prefeito de Camaragibe e coordenadora do Projeto de Desenvolvimento Local.

DESCRIÇÃO DAS ETAPAS	DETALHAMENTO
4. Contatos com o prefeito de Camaragibe, direção do Programa do Desenvolvimento Local, técnicos e diplomados Coleta de dados Período: 15 setembro a dezembro 1997	Assinatura do contrato Entrevistas Observações no campo Reunião do comitê de pilotagem Transcrição das entrevistas
5. Coleta de dados Período: janeiro 1998	Análise e síntese das entrevistas
6. Coleta de dados Período: fevereiro a março 1998	Observações e transcrição das entrevistas Encontros com o comitê de pilotagem Observações Entrevistas e transcrições Análise de dados – síntese
7. Encontros com a coordenação do PAPE e professores Período: abril 1998	Transcrição das entrevistas, análise e síntese Categorização de dados
8. Relatório parcial da pesquisa Período: maio 1998	Apresentação do relatório ao comitê de tese (primeira versão da pesquisa).

6.8 Metodologia interativa: análise de definições

Segundo os resultados da nossa pesquisa junto aos mestrandos do ensino de Ciências em 2004, observou-se um significativo percentual (65%) de estudantes que solicitaram alguma fundamentação metodológica para se trabalhar com conceitos em livros didáticos. Tal demanda se justifica pelo fato de esses mestrandos serem professores do Ensino Fundamental e Ensino Médio. E, mais precisamente, por ser a formação de professores a grande área de pesquisa do Programa de Pós-graduação em Ensino das Ciências (PPGEC) da UFRPE, onde se realizou a pesquisa que fundamenta esta nossa obra.

O que nos motivou a fazer acréscimos a nossa proposta metodológica foi o desejo de atender a demanda e, mais ainda, a esperança de poder oferecer alguns subsídios a outros professores e neófitos em pesquisa que desejam trabalhar com análise de conceitos em livros didáticos, como, por exemplo: interdisciplinaridade, construtivismo, desenvolvimento sustentável, etnia negra, etc.

Tomando como base Bardin (1997), nosso objetivo é apenas trabalhar *análise de conceitos* e não a complexidade que a análise de conteúdo exige, como sendo uma técnica de investigação que através de uma descrição objetiva, sistemática e quantitativa do conteúdo manifesto das comunicações e que tem por finalidade a interpretação destas mesmas comunicações (p. 34).

6.8.1 Base teórica

Para analisar conceitos em livros didáticos, textos e documentos fomos buscar fundamentos teóricos em Bardin (1977), Minayo (2004), Almeida (2002) e Schleiermacher (2001).

A análise de conceitos não depende simplesmente do arbítrio do pesquisador(a), pois requer uma *tomada de posição* com respaldo em teorias. Ao iniciar o estudo de um determinado conceito levanta-se uma hipótese, ou seja, faz-se uma previsão dos possíveis resultados. Logo, para interpretar o que está implícito na construção de um conceito, é preciso *projetar* e fazer contínuas *revisões* e *adequações* sempre à luz da teoria subjacente à temática em estudo.

Este procedimento nos leva a confirmar ou não a hipótese ou pressuposto quanto ao conceito que se pretende analisar em profundidade, visto que somente a realidade, que no caso é o conceito de determinado assunto que se constitui objeto de estudo, nos dará clareza sobre o seu real significado, através de um procedimento metodológico à luz do marco teórico.

Muito embora tendo optado simplesmente pela *análise de conceitos* em livros didáticos, em textos e documentos, é importante que o leitor(a) busque maior consistência teórica no que dizem os estudiosos sobre análise de conteúdo e análise do discurso[15]. Assim sendo, vejamos o que diz Almeida (2002), citando Gadamer, quanto à interpretação de textos ou da fala dos atores sociais:

> A interpretação correta começa na abertura ao outro, ao texto que deve ser interpretado, e só alcança suas verdadeiras possibilidades quando as opiniões prévias com as quais se inicia não são arbitrárias. Abrir-se ao texto significa iniciar o processo de convalidação dos juízos prévios através do confronto com a coisa mesma que deve ser compreendida, o que implica despir-se da arbitrariedade das opiniões prévias (p. 259).

15. Parafraseando o grande educador Paulo Freire, é preciso reinventar, recriar, superar. Portanto, caro leitor(a), reinventem, à luz de teorias, novas formas de abordagem qualitativa, que melhor se adaptem à realidade que pretendem estudar.

Por isso, toda interpretação dentro do círculo hermenêutico-dialético deve *eliminar a arbitrariedade das opiniões prévias* (achismo) e se fixar no real objeto de estudo, levando-se em consideração que é a *realidade* que nos fornece os dados para compreendê-la. E somente à luz de uma consistente fundamentação teórica será possível compreender o objeto de estudo. Já para Minayo (2004, p. 230):

> Os refinamentos técnicos tanto da análise do discurso como da análise de conceitos se apoiam na crença de que a "verdade" dos significados se situa nos meandros profundos da significação dos textos.

Assim, recomendamos ao leitor(a) que, na análise de conceito, force a leitura nas *entrelinhas* para entender o *contexto* em que se insere o conceito e a ideologia subjacente.

Portanto, na análise de conceito em livros didáticos, textos e documentos, entenda-se como *determinações* o contexto em que se insere o conceito a ser analisado. E, como tudo existe em conexão, recomenda-se proceder à análise do conceito conforme exemplo sugerido nos quadros 5 e 6.

Na análise de definições, quando falamos de *análise interativa* estamos nos reportando à interpretação, ou seja, à *hermenêutica* enquanto "arte e técnica de interpretação correta de textos" (SCHLEIERMACHER, 2001) e, ao mesmo tempo, fazemos a conexão com o processo da construção de conceitos, o qual requer do pesquisador(a) a identificação dos *componentes* que determinam os conceitos. Logo, estamos nos reportando à *dialética* enquanto processo em que o pesquisador(a) estabelece um diálogo com os autores para entender e interpretar, nas entrelinhas, a fala ou conceito desses autores.

6.8.2 Procedimento metodológico

Tratando-se da *análise de conceitos* como, por exemplo, de pesquisa nos livros didáticos do Ensino de Ciências do termo *sustentabilidade*, é preciso se fazer a contextualização no tempo e no espaço, e em sua historicidade. Nesse caso, a utilização da hermenêutica como a técnica de interpretação deve se dar a partir da historicidade do problema que se pretende estudar.

Em outras palavras, exige-se uma contextualização do problema de pesquisa, verificando-se o contexto em que tal conceito se circunscreve, qual a importância de se trabalhar tal temática, que relações estão imbricadas quanto à utilização de tal conceito e muitos outros questionamentos que se fizerem necessários ao se optar pela análise de um determinado conceito em livros didáticos e documentos técnico-científicos.

Neste sentido, é importante compreender a relação entre linguagem e pensamento. Assim, ao interpretar um texto faz-se necessário nortear o processo de análise para *apreender* o sentido da fala do autor, ou seja, a *leitura nas entrelinhas*, relacionada ao seu contexto histórico-cultural. Recomendamos observar a síntese do procedimento metodológico que é apresentada no item 8 deste capítulo.

6.8.3 Componentes na construção das definições

O que denominamos de *componentes* são as palavras ou expressões utilizadas na construção dos conceitos. Esses componentes devem ser classificados em *unidades de análise* para serem analisadas à luz do marco teórico, já devidamente trabalhado com a identificação das *categorias teóricas*, conforme nossa conceituação no item 2 do quinto capítulo.

Os componentes ou unidades de análise, uma vez classificados, devem ser analisados em três direções: *frequência, objetividade, fidelidade*. É importante se verificar, na construção do conceito, quantas vezes aparece a mesma palavra ou expressão (*frequência*), pois se considera esse um dado relevante para se conseguir no entendimento do conceito em estudo. Não se trata de fazer apenas um tratamento estatístico em termos numéricos ou em porcentagem, mas uma análise interativa entre dados quantitativos e qualitativos, sempre à luz da teoria subjacente.

A *objetividade* diz respeito à clareza e precisão do conceito que, durante o processo de análise, requer uma interpretação criteriosa dos componentes em relação a essa precisão ou objetividade da totalidade, ou do conceito em si mesmo.

Na análise de conceito, o pesquisador(a) deve ser criterioso na interpretação de cada unidade de análise (*fidelidade*) para não se deixar levar pelo *achismo* mas entender o que diz o conceito em si, conforme se pode verificar no quadro 4 e no qual, a título de exemplo, fazemos uma demonstração do processo de análise interativa de conceitos em livros didáticos.

6.8.4 Análise interativa hermenêutico-dialética

Em se tratando da *análise de conceitos* como, por exemplo, de pesquisa nos livros didáticos do Ensino de Ciências do termo *sustentabilidade*, é preciso se fazer a contextualização no tempo e no espaço, e em sua historicidade. Nesse caso, a interpretação deve pontuar o contexto histórico em que se situa o conceito a ser analisado ou, mais precisamente, a análise do conceito deve levar em conta quais os *componentes* usados na construção do conceito, em que contexto foi construído e a que se destina, ou como é utilizado na prática pedagógica.

Como suporte teórico a esses três itens (*frequência, objetividade, fidelidade*) que acabamos de descrever, vamos buscar sustentação teórica na análise de conteúdo de Bardin (p. 95-96), que nos recomenda três polos cronológicos:

- a pré-análise;
- a exploração do material;
- o tratamento dos resultados, a inferência e a interpretação.

A fase da pré-análise corresponde à organização de todo o material a ser analisado, visando a escolha da literatura pertinente ao objeto de estudo e em quais livros, textos ou documentos será feita a *análise de conceito*. Nessa fase, também se estabelecem a(s) hipótese(s) e objetivos para logo a seguir fazer-se a leitura exaustiva dos textos selecionados, visando estabelecer os possíveis indicadores para o processo de análise.

Na segunda fase, a exploração do material corresponde à sistematização de todo o material, com estabelecimento das categorias teóricas e a categorização dos componentes do conceito, objeto de estudo.

Na terceira fase, realizamos a análise propriamente dita, fazendo confrontação sistemática entre os *componentes* do conceito e a totalidade desse conceito em relação ao marco teórico, conforme modelos apresentados nos quadros 3 e 4.

6.8.5 Síntese da metodologia interativa para análise de definições

BASE TEÓRICA

- Método de análise de conteúdo: Bardin, 1997.
- Método hermenêutico-dialético: Minayo, 2004.

PROCEDIMENTOS

- Consistente revisão de literatura.
- Formulação de objetivos e hipóteses.
- Identificação das *categorias teóricas* (temáticas correlatas ao *problema* de pesquisa).
- Seleção dos *conceitos*: descrição do conteúdo que permita a "leitura nas entrelinhas" (interpretação).
- Identificação das unidades de análise: *componentes* ou itens de significação na construção dos conceitos (codificação previamente determinada (BARDIN, 1977, p. 77-79).
- Classificação dos componentes: frequência, objetividade, fidelidade.
- Análise interativa: *interpretação dos* conceitos à luz da fundamentação teórica, fazendo-se uma interpretação dialética dos conceitos em sua totalidade e a conexão entre os componentes identificados na construção desses conceitos.

6.8.6 Exemplificando a análise de definições em livro didático

Vamos, portanto, tomar como exemplo os seguintes referenciais para elucidação da técnica de análise de conceito:

- Bibliografia: SIRKIS et al. 2. ed. *Meio ambiente no século XXI*. Rio de Janeiro: Editora Sextante, 2003.
- Livro-texto ou didático utilizado no Ensino Médio.
- Conceito a ser analisado: Desenvolvimento sustentável.
- *Base teórica* para essa análise: Relatório da Comissão Brunthand, elaborado em 1987.

- O Relatório da Comissão Brunthand (1987), ao falar sobre sustentabilidade, apresenta a seguinte definição:

> [...] O desenvolvimento sustentável é um processo que busca satisfazer as necessidades e aspirações do presente, sem comprometer a possibilidade das gerações futuras para atender suas próprias necessidades, ou ainda um processo de mudança no qual a exploração dos recursos, a orientação dos investimentos, os rumos do desenvolvimento tecnológico e a mudança institucional estão de acordo com as necessidades atuais e futuras (p. 26).

Analisando esse conceito, podemos encontrar as seguintes ideias básicas: *processo, gerações, necessidades* e *aspirações*. Evidentemente, numa situação real de análise de conceito, a construção do marco teórico exige que se aprofunde cada uma das ideias presentes no texto tomado como referencial teórico. Mas no aqui-e-agora, e no agora, na exemplificação o que se deve fazer é dizer ao leitor(a) que o conceito de desenvolvimento sustentável no livro didático acima citado é apresentado por Fritjof Capra conforme o quadro a seguir.

Quadro 5
Análise de conceito em livro didático

AUTOR	CONCEITO	COMPONENTES
Fritjof Capra	A humanidade tem a capacidade de atingir o desenvolvimento sustentável, ou seja, de atender às necessidades do presente sem comprometer a capacidade das futuras gerações.	Humanidade Atender necessidades do presente Compromisso com as gerações futuras

O que se pode observar no quadro 5 é que os *componentes* da construção do conceito de Capra apresentam *três ideias essenciais* que devem ser analisadas à luz da fundamentação que, para esse exemplo, foi escolhido o Relatório da Comissão Brunthand, conforme exemplificação no quadro a seguir:

Quadro 6
Análise do conceito de desenvolvimento sustentável

Analisando o conceito de Capra (2003), em confronto com o referencial teórico, pode-se observar que, no conceito de desenvolvimento sustentável, a ênfase dada por Capra (2003) está centrada no compromisso com a qualidade de vida das gerações futuras. Confrontando esse conceito com o do relatório Brunthand (1989), é possível constatar que existe uma sintonia, uma vez que os componentes na construção de Capra priorizam a questão das necessidades do presente sem perder de vista a qualidade de vida das *gerações futuras*. Essas ideias também se encontram presentes no referencial teórico definido como suporte para a análise do conceito de desenvolvimento sustentável. Pode-se concluir que o livro didático utilizado pela Escola Alternativa (livro *Meio ambiente no século XXI*) está garantindo aos seus alunos do Ensino Médio uma visão correta do real sentido do que venha a ser o desenvolvimento sustentável que, por sinal, é o mais utilizado pelas nações, e, em especial, em nosso país.

Capítulo 7

Metodologia interativa como ferramenta didática

A utilização da metodologia interativa como ferramenta didática foi sendo construída no contexto de pesquisas realizadas por professores do ensino de Ciências e Matemática, em escolas da rede oficial de ensino no Estado de Pernambuco.

Esses professores, que estavam construindo suas dissertações de mestrado no período 2006-2009, começaram a ser questionados por seus colegas, para que não se limitassem apenas em receber informações em suas pesquisas[16]. Alguns destes atores sociais solicitaram sugestões para melhoria da qualidade de ensino e aprendizagem quanto a aplicação de técnicas para melhor dinamização das aulas.

Tomando conhecimento destas solicitações através de nossos orientandos, passamos a sugerir que, ao retornar às escolas em que fizeram a coleta de dados, fizessem experiências com a técnica do círculo hermenêutico-dialético[17] (CHD) para construção de conceitos e atividades que implicam na construção de um novo conhecimento.

Daí por que, nesse capítulo, apresentamos esta nova proposta da metodologia interativa como ferramenta didática, a partir da definição que foi construída como resultado das experiências iniciais para a construção de novos conhecimentos, e de conceitos pelos professores da Educação Básica que par-

16. Diante deste fato, é importante uma reflexão quanto a possibilidade de mestrandos e doutorandos repensar o *como fazer pesquisa* dentro de uma *abordagem qualitativa*, seja qual for a área de conhecimento. Isto porque acreditamos que de certa forma existe uma situração quanto a rotina de se fazer apenas a coleta de dados, sem uma interação mais direta com os pesquisadores, e um retorno dos resultados obtidos no local da pesquisa. Nossa sugestão é que uma vez defendida as dissertação e/ou teses, se retorne ao local da pesquisa realizada, para apresentação dos resultados com a doação de um ou mais exmeplares dos trabalhos já concluídos, e estabelecer uma discussão dos resultados com as pessoas que contribuíram durante a pesquisa de campo.

17. Para melhor entendimento desta técnica, recomendamos ao leitor retornar ao capítulo 6 em que se encontra a explicação do CHD em detalhe.

ticiparam destas experiências. Uma vez sistematizado o processo de utilização do CHD como ferramenta no processo ensino e aprendizagem, passamos a denominar esta nova proposta de *sequência didática interativa* (SDI).

A partir da definição desta proposta passamos a oferecer ao leitor, de forma bem didática com exemplificações, a sistematização de três experiências com utilização do CHD-SDI. Estas experiências já foram apresentadas e discutidas em congressos, seminários e publicadas em forma de artigo e são desdobramentos de dissertações de mestrado já defendidas e aprovadas, tendo a autora desta obra como orientadora, e/ou professora da disciplina Metodologia do Ensino Superior na UFRPE.

A primeira experiência traz o título *Sequência didática interativa no ensino da matemática no curso normal médio*, sendo da autoria de Bezerra e Oliveira (2008).

A experiência seguinte foi realizada com licenciandos em Química, e foi publicada com o título *Formação inicial e saberes docentes no ensino de química através da utilização do círculo hermenêutico-dialético* (SILVEIRA e OLIVEIRA, 2009).

Uma terceira experiência foi realizada com estudantes do segundo período do Curso de Licenciatura em Ciências Biológicas-UFRPE, na disciplina Biofísica, sendo da autoria de Folena, França e Oliveira (2009).

A seguir, de forma sucinta para facilitar a leitura e compreensão do leitor, passamos ao detalhamento destas experiências.

7. SEQUÊNCIA DIDÁTICA INTERATIVA – SDI

Esta nova proposta trata de um desdobramento da Metodologia Interativa através da utilização da técnica do círculo hermenêutico-dialético (CHD), e que na prática passou a ser denominada de Sequência Didática Interativa (SDI). É uma ferramenta didática que se aplica no processo ensino-aprendizagem para sistematização de conteúdos e/ou construção de novos conhecimentos.

7.1 Sequência didática interativa no ensino da Matemática no Curso Normal Médio

Trata-se de uma experiência piloto com aplicação do CHD através de uma sequência didática interativa (SD) em uma aula de Matemática do 1º ano do Curso Normal Médio de uma escola da rede pública do Estado de Pernambuco. Esta atividade teve como objetivo principal desenvolver de forma significativa o conceito de função do tipo $f(x) = ax$, com aplicação da técnica do círculo hermenêutico-dialético (CHD).

Partindo do pressuposto que cada ser humano tem suas particularidades, características próprias e pode aprender de forma diferente, buscamos os fundamentos teóricos para embasamento desta nova ferramenta didática. Estes fundamentos estão nos aportes teóricos sobre sequência didática, círculo hermenêutico-dialético e nas recomendações dos Parâmetros Curriculares Nacionais de Matemática.

A sequência didática deve ser entendida como uma ferramenta didática em que o docente organiza uma atividade em sequência e/ou etapas para aprofundar ou construir o conhecimento de uma determinada disciplina no contexto da sala de aula. Esta sequência de ensino aparece, também, como um dos principais objetos da Engenharia Didática[18].

18. A engenharia didática é uma das abordagens tratadas na Didática da Matemática que se caracteriza como uma forma particular de organizar os procedimentos metodológicos de pesquisas desenvolvidas no contexto de sala de aula, segundo Pais (2002).

Para Chevallard (1982), o conceito de Engenharia Didática é definido como uma metodologia de pesquisa, caracterizada por um esquema experimental baseado em realizações didáticas em sala de aula, isto é, sobre a concepção, a realização, a observação e a análise de sequências de ensino.

Portanto, uma sequência didática é dada em um processo interativo, no qual o objetivo é a elaboração de um grupo de decisões para que os processos tenham significados e as estratégias sejam mais efetivas, valorizando as respostas dos alunos e as condições às quais estão submetidas.

Partindo do pressuposto, como afirma Chevallard (1982), de que em uma Sequência Didática não podem faltar a análise da situação proposta, as condições da organização, a escolha de estratégias baseadas nas análises da instrução dada e a determinação de critérios de avaliação, pesquisamos a junção do círculo hermenêutico-dialético – CHD[19] em uma sequência didática, com objetivo principal de desenvolver a construção do conceito de *função afim*, em uma turma do 1º ano do Curso Normal Médio, de uma escola da rede pública na cidade de Carpina, PE.

7.1.1 Círculo hermenêutico-dialético

Conseguir desenvolver em sala de aula um planejamento de sucesso, isto é, desenvolver atividades em que o resultado final promova o ensino e a aprendizagem, tem se tornado a busca constante do professor em sua prática educativa. Brousseau

19. O círculo hermenêutico-dialético é um processo de construção e de interpretação hermenêutica de um determinado grupo [...] através de um vai e vem constante entre as interpretações e reinterpretações sucessivas (dialética) dos indivíduos, segundo Oliveira (2001) apud Allard (1997).

(1998) diz que o professor deve provocar situações-problema para o aluno, transferindo para o próprio aluno a responsabilidade da construção do conhecimento.

Várias são as teorias metodológicas apontadas por pesquisadores no âmbito da educação. A metodologia escolhida para ser aplicada nesta pesquisa foi a metodologia interativa, que para a pesquisa de campo utiliza a técnica do círculo hermenêutico-dialético. Segundo Oliveira (2008, p. 124), autora desse procedimento metodológico,

> A metodologia interativa é um processo hermenêutico-dialético que facilita entender e interpretar a fala e depoimentos dos atores sociais, no nosso caso alunos, em seu contexto e analisar conceitos em textos, livros e documentos, em direção a uma visão sistêmica da temática em estudo.

Essa proposta metodológica está alicerçada no paradigma da ciência contemporânea, onde a compreensão do processo de conhecimento deve ser dinâmico, sistêmico, onde tudo está interligado, ou seja, as partes só podem ser entendidas a partir da dinâmica do todo (p. 124).

Ainda com base nessa proposta de pesquisa qualitativa, procuramos inovar, trazendo para o contexto da sala de aula uma nova ferramenta didática que é *sequência didática interativa* (SDI). Dentro dessa nova concepção que esta ferramenta didática está embasada na técnica do círculo hermenêutico-dialético (CHD), nas experiências de pesquisas e na prática docente já realizadas, que podemos afirmar que a aplicação da SDI pode ser adaptada segundo a temática a ser trabalhada em sala de aula, levando-se em consideração o perfil do grupo-classe e as reais necessidades desse grupo.

7.1.2 Parâmetros Curriculares Nacionais

Uma vez que a maioria dos professores de Matemática busca apoio para elaboração do seu planejamento anual de ensino nas orientações contidas nos Parâmetros Curriculares Nacionais – PCN de Matemática, é valido avivar as orientações propostas por esse documento: trabalhar os conteúdos numa concepção construtivista de ensino e aprendizagem, na qual "a atividade matemática escolar não é 'olhar para coisas prontas e definitivas', mas a construção e a apropriação de um conhecimento pelo aluno, que servirá dele para compreender e transformar sua realidade" (BRASIL, 1997).

Desta forma, a função do professor em sala de aula assume outro patamar – a de orientador, atuando apenas na mediação dos conceitos dos alunos, quando propõe situações em que os mesmos possam, de modo gradativo, construir de forma significativa o conceito necessário para evolução nesta ciência.

Neste sentido, essa ferramenta didática vem contribuir com o relato da experiência realizada no contexto da sala de aula na disciplina Matemática, cuja sequência didática objetivou proporcionar aos alunos uma aprendizagem de forma significativa, através da utilização do círculo hermenêutico-dialético.

7.1.3 Procedimento metodológico da aplicação CHD-SDI

A atividade didática, objeto deste estudo, foi realizada com um grupo de vinte alunas de uma turma do 1º Normal Médio, durante duas aulas de 50 minutos, para o estudo do tema Função afim. Essa atividade foi uma experiência piloto, aplicando a técnica do círculo hermenêutico-dialético (CHD) para realização de uma Sequência Didática Interativa (SDI). Segundo Oliveira (2008), a "*Sequência Didática Interativa* é uma técnica de trabalho em grupo para trabalhar um determinado tema ou palavra-chave que faz parte do conteúdo curricular das disciplinas ministradas na Educação Básica". Portanto, utilizando os fundamentos da metodologia interativa quanto à aplicação da técnica do CHD, a sequência didática interativa seguiu as seguintes etapas em relação à sua execução:

1. A organização das alunas na sala de aula em um círculo, nomeando cada aluna como A_1, A_2, A_3, A_4, ... A_n. Onde A_1 significa a primeira aluna do círculo, A_2 a segunda aluna e A_n a última aluna do círculo; como orienta a metodologia do círculo hermenêutico-dialético (OLIVEIRA, 2005);

2. Foram entregues às alunas duas fichas; uma para a resposta inicial (R_n) e outra, para a resposta final (RF_n), durante as etapas das perguntas feitas durante as atividades;

3. O problema foi copiado pela professora/pesquisadora no quadro e todas as alunas deveriam responder individualmente na ficha identificada por R_n ;

4. Depois que todas as alunas responderam o problema, a professora/pesquisadora perguntou à aluna A_2, ao mostrar a resposta dada pela aluna A_1 na ficha R_1, se ela concordava ou discordava do que tinha colocado como resposta na ficha R_2. A aluna A_2 deveria reescrever na ficha RF_2 a resposta do problema depois da interação com a resposta da aluna A_1;

5. Continuando, a professora/pesquisadora perguntou à aluna A_3 se a resposta dada pela aluna A_2 na ficha RF_2 estava de acordo ou discordava do que ela tinha colocado como resposta na ficha R_3. A aluna A_3 deveria reescrever na ficha RF_3 a resposta do problema depois da interação com a resposta da aluna A_2.

Nesta mesma sequência de ações, a atividade foi realizada até chegar à aluna A_{20}. De posse do resultado dado pela aluna

A_{20} na ficha RF_{20} a professora/pesquisadora fecha o círculo com as seguintes ações:

6. Pergunta, ao mostrar à aluna A_1, se a resposta dada pela aluna A_{20} na ficha RF_{20} acrescenta ou não o que ela tinha colocado como resposta na ficha R_1. A aluna A_1 deveria reescrever na ficha RF_1 a resposta do problema depois da interação com a resposta da aluna A_{20}.

7. A professora/pesquisadora escreve no quadro o resultado apresentado por A_1 na ficha RF_1 e pergunta às demais alunas o que diferencia da resposta dada por elas na ficha RF_n.

Neste momento a professora/pesquisadora inicia a discussão a respeito da problemática referente ao exercício proposto, chegando a um "consenso".

7.1.4 Análise dos resultados

O problema apresentado às alunas, citado adiante, exigiria delas a noção intuitiva de função afim, do tipo $f(x) = ax$, onde o valor final depende da variável (GIOVANNI e BONJORNO, 1992).

➢ *Problema*

> O custo de uma ligação telefônica em um aparelho celular pré-pago varia em relação ao tempo de duração da ligação por minuto. Marcos usou o celular emprestado de sua irmã Gal, e a ligação durou 4 minutos. Ela falou que ele iria pagar pela ligação R$ 3,00. Sabendo que R$ 0,50 é o preço da ligação por minuto, Marcos diz a sua irmã que o valor estipulado por ela está errado. Você concorda com Marcos? Por quê?

Analisando a resposta do problema dada pela aluna A_1 na ficha R_1, verificamos que ela apresentou como resposta uma solução correta e precisa, sem muita informação (Fig. 1).

Figura 1 – Ficha R_1 da aluna A_1.

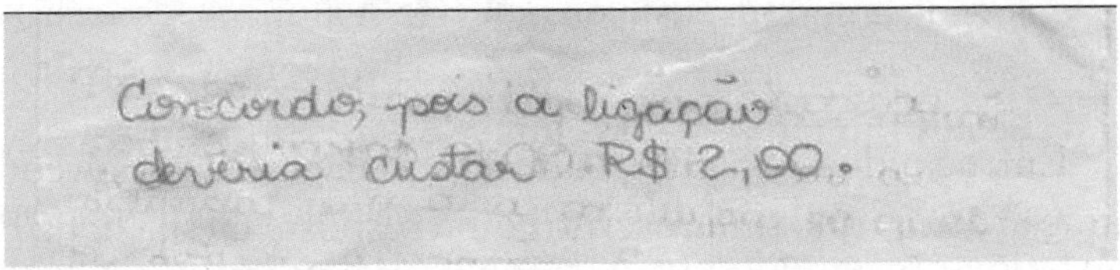

A aluna A_2 apresentou na sua ficha R_2 como resposta ao problema uma solução mais detalhada (Fig. 2).

Figura 2 – Ficha R_2 da aluna A_2.

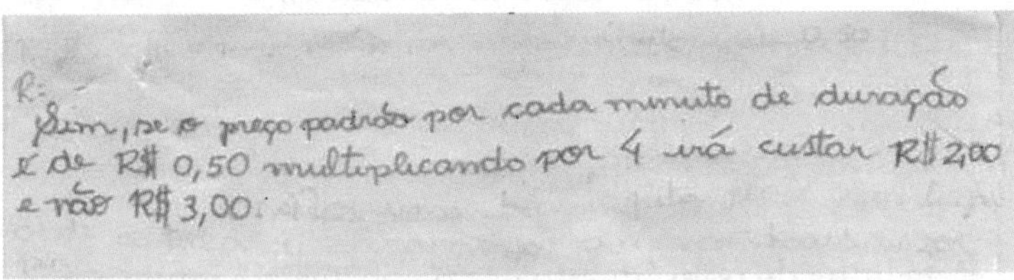

Mostrando a ficha R_1 à aluna A_2 para ela fazer uma comparação com o que escreveu como resposta na sua ficha R_2, a aluna A_2 reescreveu a resposta na sua ficha RF_2 apresentando concordância com a resposta apresentada pela aluna A_1 na ficha R_1, mantendo a justificativa matemática e excluindo um dado (*e não R$ 3,00*) apresentado anteriormente por ela (Fig. 3).

Figura 3 – Ficha RF_2 da aluna A_2.

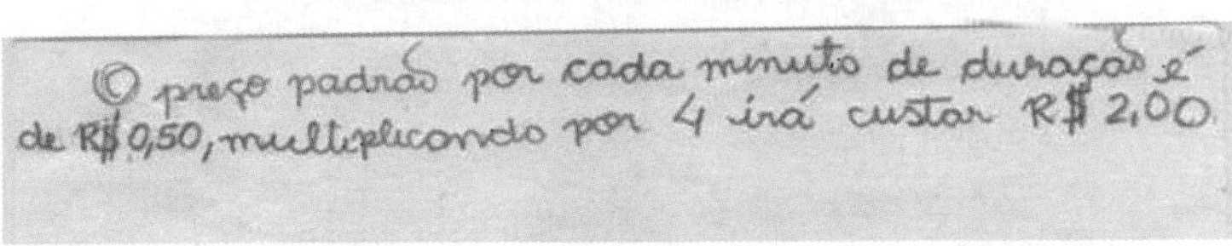

Continuando com este procedimento, analisamos a resposta da aluna A_3 escrita por ela na sua ficha R_3 (Fig. 4).

Figura 4 – Ficha R_3 da aluna A_3.

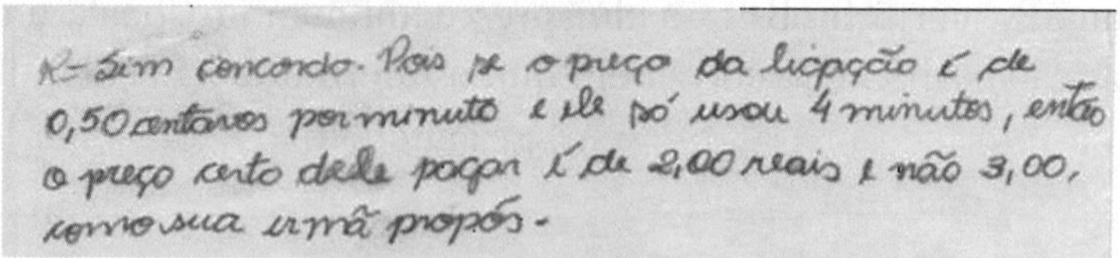
R- Sim concordo. Pois se o preço da ligação é de 0,50 centavos por minuto e ele só usou 4 minutos, então o preço certo dele pagar é de 2,00 reais e não 3,00, como sua irmã propôs.

Entregando a ficha RF_2 à aluna A_3 para ela fazer uma comparação com o que tinha escrito como resposta na sua ficha R_3, a aluna A_3 reescreveu a resposta na sua ficha RF_3 como uma junção de informações de forma mais simplificada, mas de concordância com a resposta apresentada por ela na ficha R_3 (Fig. 5).

Figura 5 – Ficha RF_3 da aluna A_3.

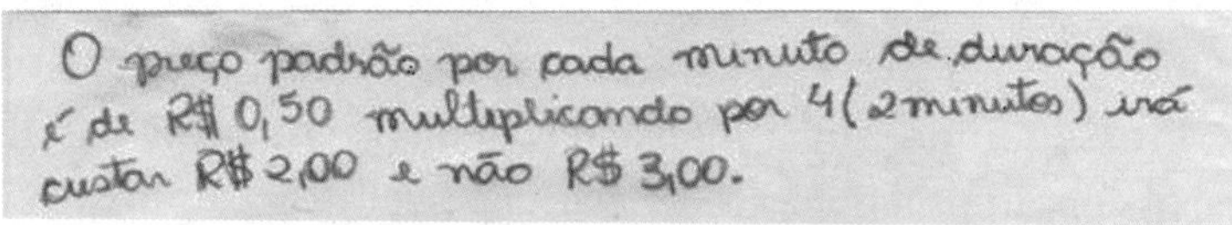
O preço padrão por cada minuto de duração é de R$ 0,50 multiplicando por 4 (2 minutos) irá custar R$ 2,00 e não R$ 3,00.

Esta linha de pensamento nas respostas, de modo geral, se manteve, segundo análise das fichas das alunas, até a aluna A_{13}. Quando analisamos a resposta dada pela aluna A_{14} na sua ficha R_{14}, encontramos um dado a mais, que trata de justificar o valor de R$ 3,00 estipulado pela irmã (Fig. 6).

Figura 6 – Ficha R_{14} da aluna A_{14}.

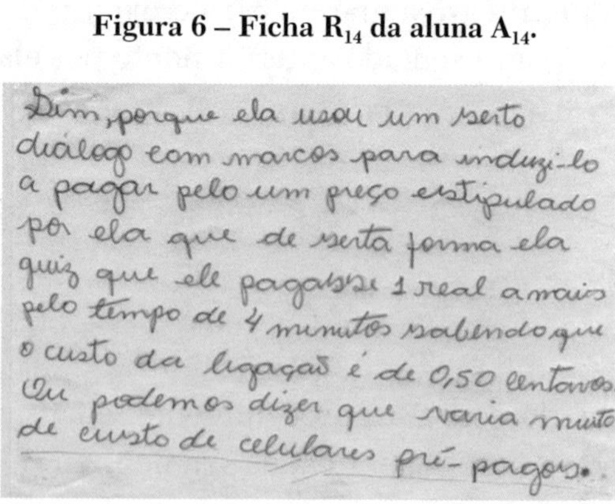
Sim, porque ela usou um serto diálogo com marcos para induzi-lo a pagar pelo um preço estipulado por ela que de serta forma ela quiz que ele pagasse 1 real a mais pelo tempo de 4 minutos sabendo que o custo da ligaçaõ é de 0,50 centavos. Ou podemos dizer que varia muito de custo de celulares pré-pagos.

Mesmo comparando com o resultado apresentado pela aluna A_{13} na ficha RF_{13}, a aluna A_{14} mantém a justificativa do valor estipulado pela irmã de Marcos no problema e simplifica a informação usando recursos matemáticos apresentados na ficha da aluna A_{13} (Fig. 7).

Figura 7 – Ficha RF_{14} da aluna A_{14}.

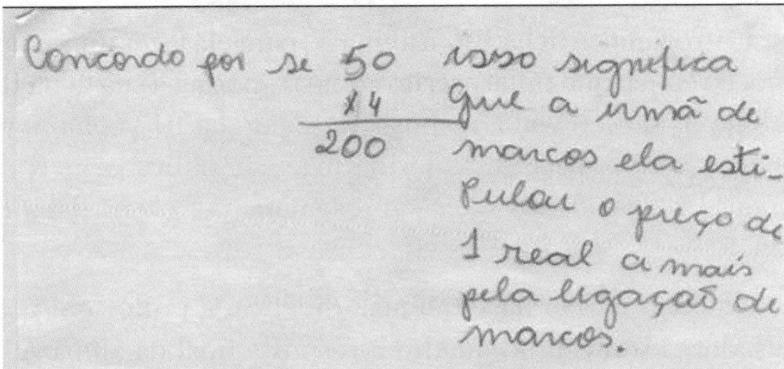

Concordo por se 50 isso significa
x4 que a irmã de
200 marcos ela esti-
pulou o preço de
1 real a mais
pela ligaçaõ de
marcos.

Prosseguindo com a análise das fichas de resposta das alunas, observamos a ficha RF_{20} da aluna A_{20}, última aluna do círculo, o seguinte resultado (Fig. 8):

Figura 8 – Ficha RF_{20} da aluna A_{20}.

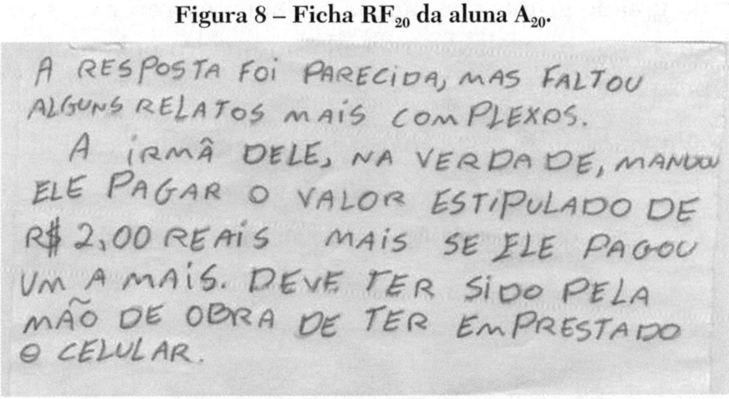

A RESPOSTA FOI PARECIDA, MAS FALTOU
ALGUNS RELATOS MAIS COMPLEXOS.
A IRMÂ DELE, NA VERDADE, MANDOU
ELE PAGAR O VALOR ESTIPULADO DE
R$ 2,00 REAIS MAIS SE ELE PAGOU
UM A MAIS. DEVE TER SIDO PELA
MÃO DE OBRA DE TER EMPRESTADO
O CELULAR.

A resposta dada pela aluna A_{20} mantém a ideia geral das respostas ao problema apresentadas desde a aluna A_1, sempre com complemento de ideias, provindas da dinâmica da atividade do CHD.

Apresentando o resultado da ficha RF_{20} (última aluna) à aluna A_1 para ela fechar o círculo analisando o que foi acrescido na resposta dada por ela na ficha R_1, obtivemos o resultado reescrito na ficha RF_1 (Fig. 9).

Figura 9 – Ficha RF_1 da aluna A_1.

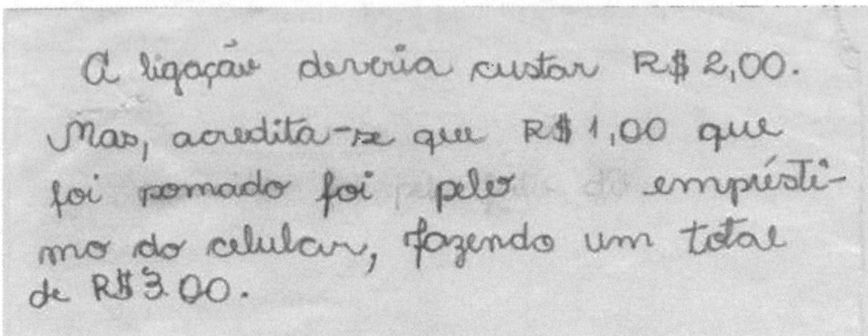
A ligação deveria custar R$ 2,00.
Mas, acredita-se que R$ 1,00 que
foi somado foi pelo empréstimo do celular, fazendo um total
de R$ 3.00.

Na continuação da sequência didática, a professora/pesquisadora escreveu no quadro a resposta final da aluna A_1 e perguntou às demais alunas o que tinha alterado nas respostas dadas por elas na ficha RF_n.

Nesta etapa da atividade, o objetivo era chegar ao consenso do grande grupo, e as alunas puderam escrever suas conclusões após o resultado colocado no quadro pela professora/pesquisadora.

Vejamos nas figuras abaixo algumas conclusões (Fig. 10 e 11):

Figura 10 – Conclusão da aluna A_{12} após o resultado.

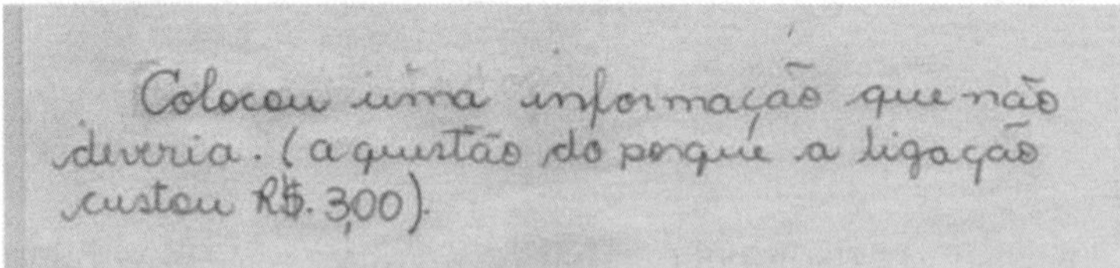
Colocou uma informação que não
deveria. (a questão do porquê a ligação
custou R$. 3,00)

Figura 11 – Conclusão da aluna A_{13} após o resultado.

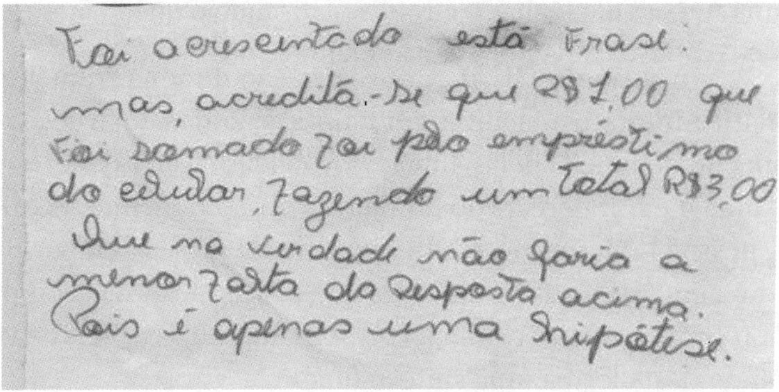
Foi aresentado está Frase:
mas, acreditá-se que R$1,00 que
Foi somado zai pão empréstimo
do celular, fazendo um total R$3,00
que na verdade não faria a
menor falta da resposta acima.
Pois é apenas uma hipótese.

Em "consenso", as alunas afirmaram que o valor a pagar por Marcos no referido problema era de dois reais e que as informações adicionais não influenciavam, nem faziam parte da resposta.

Na intenção de proporcionar às alunas a formação de um conceito, no caso, o conceito intuitivo de função afim, foi preciso se fazer a contextualização no tempo e no espaço, e em sua historicidade. Pois, segundo Oliveira (2005), a utilização da hermenêutica, como sendo a técnica de interpretação, deve ser utilizada a partir da historicidade do problema que se pretende estudar. Isto é, exige-se uma contextualização do problema de pesquisa, verificando-se o contexto em que tal conceito se circunscreve.

Neste sentido, é importante compreender a relação entre linguagem e pensamento. Assim, ao interpretar um texto, faz-se necessário nortear o processo de análise para apreender o sentido da fala do autor, ou seja, a leitura nas entrelinhas, relacionada ao seu contexto histórico-cultural (2005).

7.1.5 Avaliação final da experiência SDI

A aplicação do CHD para realização de uma sequência didática interativa facilitou a identificação da construção do conceito de função pelas alunas envolvidas na atividade, dando uma melhor percepção dos fatos e acontecimentos. Assim, foi possível minimizar a subjetividade da professora/pesquisadora em sala de aula, uma vez que essa educadora acompanhou *passo a passo* a evolução do pensamento das alunas, facilitando desta forma uma síntese final.

A aplicação do círculo hermenêutico-dialético na sequência didática interativa não só facilitou a integração aluno-professor, como permitiu maior liberdade de ação da professora/pesquisadora para verificar e dirimir os obstáculos epistemológicos quanto à identificação, sistematização, e construção de conceitos.

Foi bastante significativa a liberdade de atuação tanto da professora/pesquisadora como das alunas durante a atividade em sala de aula, o que favoreceu uma maior dinâmica no processo de ensino e aprendizagem.

Esse processo, focado teoricamente nos PCN de Matemática (BRASIL, 1997), que foi trabalhado em sala de aula através da aplicação CHD na realização de uma sequência didática interativa, permitiu a constatação de que tal procedimento é de fato dialético, sem nenhum esquema fechado. Isso porque durante a aplicação da SDI, segundo as necessidades do grupo-classe, foi possível fazer algumas adaptações, para se chegar o mais próximo possível da real percepção do grupo quanto ao conceito de função afim. No constante *vai e vem* do CHD, a professora/pesquisadora pode, através dos argumentos apresentados pelas alunas nas fichas que foram distribuídas, mostrar um outro tipo de função, como por exemplo: função linear f(x) = ax + b, onde b ≠ 0; ou seja, o entendimento e a construção e sistematização de novos conceitos.

7.2 SDI aplicada no ensino de Química

Esta experiência foi realizada no Curso de Licenciatura em Química, na Universidade Federal Rural de Pernambuco (UFRPE), no 7º período, com duas turmas de Metodologia do Ensino. Os dados foram obtidos no contexto da sala de aula através da aplicação da técnica do Círculo Hermenêutico-dialético (CHD). O estudo está focado nas concepções dos estudantes sobre a Metodologia do Ensino quanto às concepções sobre *conteúdos curriculares* e a utilização de *métodos e técnicas*.

A problematização dessa experiência que utilizou a técnica do CHD para realização de uma sequência didática interativa foi assim formulada:

- Quais as concepções e possíveis relações que os estudantes de Licenciatura em Química estabelecem entre os conteúdos disciplinares, métodos e técnicas de ensino?

Para encontrar possíveis respostas a essa questão de pesquisa, fomos buscar os fundamentos teóricos nos principais autores que trabalham sobre Formação de Professores, tais como: Cunha (2009); Carvalho e Gil Perez (1993); D. Imbernón (2006); Freire (2004); Shön (2000); Tardif (2001), entre outros. Quanto ao procedimento metodológico, nosso estudo foi realizado dentro de uma abordagem qualitativa, tendo como referencial para a pesquisa de campo a Metodologia Interativa (OLIVEIRA, 2009) através da aplicação da técnica do círculo hermenêutico-dialético que facilita a interação entre o pesquisador e os pesquisados dentro de um processo dinâmico e dialógico, que permite minimizar de forma significativa a subjetividade do pesquisador.

A pesquisa foi realizada em duas turmas, sendo a primeira, com 16 alunos no segundo semestre de 2008, e a outra, no primeiro semestre de 2009 com 20 alunos

É importante considerar que a formação inicial dos profissionais para o Ensino das Ciências é fundamental para garantia de um ensino de qualidade através do desenvolvimento de novos saberes, associando a teoria com a prática. Para isto se faz necessário trabalhar os conteúdos com a utilização de métodos e técnicas de forma dinâmica e interativa.

7.2.1 Formação inicial de professores de Ciências e Matemática

Na universidade, os professores de Ciências são preparados nas disciplinas técnico-teóricas, que são as disciplinas destinadas à formação dos conteúdos em ciências que serão ensinados aos futuros alunos; e nas disciplinas teórico-práticas, que são aquelas que embasam o professor na sua prática pedagógica, são as disciplinas formadoras no âmbito didático (LIBÂNEO, 1994).

A formação inicial é importante porque ela apresenta para o educador os principais pressupostos formativos para desempenho da sua atividade profissional. Sem uma formação inicial consistente, o educador não estará devidamente preparado para o enfrentamento de situações complexas, sejam elas nos aspectos teóricos e/ou didático-pedagógicos no ensino das Ciências.

Os futuros professores necessitam adquirir competências básicas na sua formação inicial quanto à construção de novos saberes para garantir uma adequada prática docente. Segundo Gil Perez e Carvalho (1993), Pórlan e Toscano apud

Schnetzler (2000), as recomendações para aquisição de algumas competências básicas de formação inicial dos professores de Ciências são:

- Dominar os conteúdos científicos a serem ensinados em seus aspectos epistemológicos e históricos, explorando suas relações com o contexto social, econômico e político;
- questionar as visões simplistas do processo pedagógico de ensino das ciências usualmente centradas no modelo transmissão-recepção e na concepção empirista-positivista da ciência;
- saber planejar, desenvolver e avaliar atividades de ensino que contemplem a construção e reconstrução de ideias dos alunos;
- conceber a prática pedagógica cotidiana como objeto de investigação, como ponto de partida e de chegada de reflexões e ações pautadas na articulação teoria-prática, entre outras.

Conforme Silva e Ferreira (2007), estas competências ainda assim não são suficientes para apropriação dos conhecimentos específicos necessários para ensinar Ciências, que envolvem também as teorias educacionais e as perspectivas da didática.

No entanto, para Krasilchik (1992), a formação inicial ainda não consegue dar conta de seu objetivo de formar os educadores em Ciências, visto que os cursos de licenciaturas em Ciências ainda não romperam com as classificações "divisórias" das disciplinas durante o curso. As licenciaturas ainda se mostram com uma estrutura de bacharelado, onde os professores em formação aprendem mais o conteúdo, e não aprendem devidamente como ensiná-lo. Daí por que existe um agravante desta situação, que é ainda enfatizada por Krasilchik (1987) que até mesmo os conhecimentos relacionados ao conteúdo próprio de cada disciplina estão comprometidos. Esta deficiência na formação inicial, segundo essa autora, acarreta na falta de segurança do professor e na baixa qualidade das aulas, nas deficiências na formação de conceitos científicos dos alunos, e a dependência exclusiva de livros didáticos, que podem acarretar um ensino questionável.

As licenciaturas ainda esbarram na "racionalidade técnica", que ocorre devido à separação do que se estuda na academia e o que o professor possivelmente vai se deparar na prática. O que ocorre nas licenciaturas é a aquisição de um conhecimento básico-teórico no começo do curso, com a posterior introdução de disciplinas de ciências aplicadas desse conhecimento para, ao final, chegarem à prática profissional com os estágios regulares de final de curso.

Nessa direção, Schön (1995) e Perez Gomes, (1995) informam que esse tipo de formação docente contribui somente para formar um professor como 'técnico', pois favorece a uma atividade profissional essencialmente instrumental. Para Malarcane (2007), a desestruturação do currículo das licenciaturas e a racionalidade técnica produzem um professor que não consegue conceber o que é o processo de ensino, como também não se vê como um profissional que trabalhe o processo de ensino-aprendizagem de forma integrada.

Ainda para esse autor, podemos encontrar três grandes problemas na formação inicial dos professores, e consequentemente quanto ao bom trabalho que estes poderão desempenhar na sala de aula:

- Desarticulação entre teoria e prática;
- falta de articulação entre universidades e escolas de Ensino Fundamental e Médio;

- a desvalorização profissional do professor e dos cursos de licenciaturas.

Quando transferimos esta realidade para a formação inicial para os cursos de Licenciatura em Química, observamos poucas mudanças no quadro geral, conforme nos assinala Schnetzler (2000, p. 14):

> A grade curricular da maioria dos cursos de licenciatura manifesta e enfatiza dois caminhos paralelos, que não se aproximam sequer um do outro, durante os vários semestres, mas que só vão se cruzar e se articular em disciplinas de natureza tal como de Prática de Ensino, a de Didática Específica e/ou de Instrumentação para o ensino. Isto significa que as disciplinas de conteúdo específico, propriamente ditas, seguem seu curso independente e isolado das disciplinas pedagógicas e vice-versa.

Dessa forma, é possível afirmar que a formação inicial nos cursos de Licenciatura em Química necessita de uma melhoria na preparação dos futuros educadores para que possam contribuir na melhoria do processo de ensino e aprendizagem quanto à construção de novos saberes.

7.2.2 Os saberes docentes e a formação inicial

As pesquisas referentes aos saberes docentes se desenvolveram a partir da proposição da existência de um conhecimento-base para o ensino[20]. Estas pesquisas iniciaram-se nos

20. Este conhecimento base para o ensino é denominado *Knowledge base*, que visa permitir a estruturação da educação do professor e a instrução direta das práticas de formação.

Estados Unidos e no Canadá e tiveram como objetivo categorizar e sistematizar estes saberes. E buscaram também "compreender a genealogia da atividade docente e, assim, convalidar um *corpus* de saberes mobilizados com a intenção de melhorar a formação de professores" (ALMEIDA e BIAJONE, 2007, p. 281).

O ponto de partida destas pesquisas se estabelece quando se encontra na fala de pesquisadores como Schön (1995), Tardif e Lessard (1991) um novo paradigma para nortear as pesquisas sobre a prática pedagógica e o professor – o paradigma da *racionalidade prática.*

Este novo paradigma embate o paradigma da racionalidade técnica que tem sua gênese no positivismo e que fortalece a imagem de uma atividade do profissional docente que é, sobretudo, instrumental, dirigida para a solução de problemas mediante a aplicação rigorosa de teorias e técnicas científicas (CAMPOS e DINIZ, 2001).

Na tentativa de responder algumas das características dos fenômenos educativos (complexidade, singularidade, incerteza, divergência), Schön (1995) propõe uma nova visão epistemológica que engloba as características instrumentais e fenomenológicas dos processos educacionais e que rompe com a relação linear e mecânica entre o conhecimento científico-técnico e a prática na sala de aula. Com isso surgem os conceitos *de professor reflexivo, de reflexão na ação, reflexão sobre a ação e reflexão sobre a reflexão na ação*.

Analisando as afirmações acima, vemos que no atual contexto de nossa sociedade a realidade educacional exige um profissional flexível para acompanhar as mudanças sociopolíticas e inovar sua prática pedagógica. E nesse sentido nos diz Freire (2004, p. 38-39):

> É fundamental que na prática da formação docente o aprendiz de educador assuma que é indispensável pensar certo [...]. Por isso é que, na formação permanente dos professores, o momento fundamental é o da reflexão crítica sobre a prática. É pensando criticamente a prática de hoje ou de ontem que se pode melhorar a próxima prática. O próprio discurso teórico necessário à reflexão crítica tem de ser de tal modo concreto que quase se confunda com a prática.

É importante observar que esse discurso de Freire nos remete ao fato de que a formação do professor deve ser repensada para o desenvolvimento e aperfeiçoamento de uma consciência crítica em que se associe a teoria com a prática para a produção de novos conhecimentos.

7.2.2.1 Saberes docentes segundo Tardif: percepções e características

Antes de discutirmos as percepções e características dos saberes docentes segundo Tardif, é conveniente esclarecer a definição adotada sobre os saberes dos professores. Para isso, nos apoiamos nas perspectivas de Pacheco e Flores apud Campos e Diniz (2001, p. 22) quando falam:

> O conhecimento dos professores pode ser compreendido como um conjunto de concepções epistemológicas, que são "concepções globais, preferências pessoais, conjuntos completos de argumentações, nem total e coerentemente explicitadas, nem ordenadas, nem com uma estrutura hierarquizada entre os diferentes elementos que as compõem" [...]. Ou ainda, [...] um sistema concreto de práticas escolares, refletindo as concepções, percepções, experiên-

> cias pessoais, crenças, atitudes, expectativas e dilemas do professor, tratando-se de um saber ou de uma multiplicidade de saberes com regras e princípios práticos, expressos nas linhas de ação docente.

Pacheco e Flores (1999) tornam únicas as definições de conhecimentos e saberes dos professores, posição essa que também é adotada neste trabalho. Complementando e ressignificando o entendimento sobre os saberes dos professores introduzimos a perspectiva do próprio Tardif (2002), que conceitua o saber docente "[...] como um saber plural, formado pelo amálgama, mais ou menos coerente, de saberes oriundos da formação profissional e de saberes disciplinares, curriculares e experienciais" (p. 36).

Sendo assim, a partir das concepções de Pacheco e Flores (1999) e de Tardif (2002) podemos esclarecer algumas posições a respeito desses saberes dos professores:

- os saberes dos professores podem ser tácitos, ou seja, eles podem não ser expressos pelos professores de forma consciente;
- os saberes docentes não expressam somente os saberes adquiridos na prática pedagógica, mas também os saberes reconhecidos e validados pela própria experiência desde sua época enquanto discente e durante o período de formação;
- os saberes estampam os estilos de cada professor.

Quando Tardif (2002) fala a respeito de saberes, ele nos coloca diante de uma "tipologia" de saberes que constituem o saber dos docentes. Vale salientar que esta tipologia foi detalhada pelo autor através de análise dos profissionais docentes em seu espaço de trabalho cotidiano, no desempenho de suas tarefas. Desse modo, o autor retrata os saberes dos professores em quatro tipos. São eles:

- **Saberes curriculares:** são os saberes constituídos pelos "discursos, objetivos, conteúdos e métodos, a partir dos quais a instituição escolar categoriza e apresenta os saberes sociais que ela definiu e selecionou como modelo da cultura erudita e de formação na cultura erudita" (TARDIF, 1991, p. 220). Estes saberes são oriundos de fontes sociais, e produzidos, por exemplo, por programas escolares, manuais, livros didáticos, etc. É importante salientar que estes saberes antes de chegar aos professores passam por rigorosos critérios de legitimação, que são validados de acordo com a utilidade e benefícios que trará para a sociedade.
- **Saberes disciplinares:** são aqueles saberes selecionados pela instituição universitária e atrelados à prática docente. Situam-se nos conteúdos específicos e pelas concepções da natureza da área que está sendo trabalhada (no nosso caso, a Química).
- **Saberes experienciais:** são saberes que brotam da experiência e são por ela validados, incorporando experiência individual e coletiva, não são unicamente baseados no trabalho em sala de aula, decorrem, em grande parte, de preconcepções do ensino e da aprendizagem herdadas da história escolar.
- **Saberes da formação profissional:** são os saberes oriundos das humanidades para a educação, dão suporte ao professor com a prática educativa, fundamentam o saber-fazer-ensinar do professor, e algumas técnicas de ensino.

Estes saberes auxiliam o professor em suas atividades pedagógicas diárias. Com eles, os professores planejam, executam o plano didático, escolhem as metodologias que julgam condizentes, elaboram as tarefas para os alunos, administram a sala de aula mantendo a ordem e a disciplina e constroem os instrumentos de avaliação.

Assim, é com base nestes saberes descritos por Tardif (1991) que são analisadas as concepções dos estudantes do Curso de Licenciatura em Química da UFRPE.

7.2.3 Procedimento metodológico

Dentro de uma abordagem qualitativa, optamos pela Metodologia Interativa que, segundo Oliveira (2008, p. 124), é "um processo hermenêutico-dialético que facilita entender e interpretar a fala e depoimentos dos atores sociais em seu contexto [...] em direção a uma visão sistêmica da temática em estudo"'.

O principal instrumento de pesquisa dessa metodologia é a técnica do círculo hermenêutico-dialético, que é focada na consistente revisão de literatura pertinente ao tema em estudo. Assim, é com base nessa revisão de literatura que se estabelece a(s) *categoria(s) teórica(s)*, as *categorias empíricas* que vão subsidiar a categorização e *análise dos dados.*

Com base em Oliveira (2008), quando falamos em *categorias teóricas*, estamos nos referindo às leituras convergentes ao tema central do estudo, ou, melhor dizendo, a partir da definição do tema central, que nos permite a construir instrumentos de pesquisa, sejam questionários e/ou roteiro de entrevistas. Tais instrumentos, questões e/ou roteiros de entrevistas passam a ser denominadas de categorias empíricas e as respostas a estes instrumentos, são chamadas de *unidades de análise.*

7.2.4 Círculo hermenêutico-dialético

Sendo a Metodologia Interativa um processo dialético e sistêmico, é passível de mudanças, segundo o contexto em que se trabalha, escolhermos como instrumento para coleta de dados a técnica do círculo hermenêutico-dialético (CHD) por permitir um procedimento metodológico bastante dinâmico, em constante interação entre os estudantes e pesquisador através do vai e vem para interpretações e reinterpretações sucessivas (dialética) da realidade que leva à produção de novos conhecimentos.

Assim, visando atender os objetivos propostos neste estudo, estabelecemos como campo de pesquisa o contexto de uma sala de aula do Curso de Licenciatura em Química da UFRPE. Inicialmente, foi apresentado e discutido com os estudantes da disciplina Metodologia de Ensino, os procedimentos para aplicação do círculo hermenêutico-dialético (CHD), enquanto técnica facilitadora para construção de novos saberes. Após os devidos esclarecimentos quanto a alguns questionamentos de ordem prática, passamos a aplicar o CHD:

PRIMEIRA ETAPA

Os alunos da turma 2008.2 foram divididos em 4 grupos de 4 estudantes, enquanto que na turma 2009.1 tivemos 4 grupos de 5 estudantes. Para cada grupo foi entregue uma das quatro questões, assim formuladas:

1. Para você, o que são técnicas de ensino?
2. Afinal, no que consiste a Metodologia do Ensino de Química?
3. Que relações existem entre conteúdo, método e técnica no processo de ensino-aprendizagem de Química?

4. Um determinado conteúdo programático possibilita uma única forma de abordagem ou pode ser modificado pelos métodos de ensino? Justifique sua resposta.

A seguir, foi solicitada uma discussão quanto às questões para que houvesse no final das discussões e respostas uma só sistematização em cada grupo de estudo.

SEGUNDA ETAPA

Depois da construção coletiva e consensual da resposta do grupo, os estudantes tiveram que sintetizar suas respostas em uma folha de papel, que era repassada para o outro grupo localizado à direita do mesmo (a escolha deste lado para o repasse das perguntas foi feita apenas para organizar e agilizar a técnica de trabalho de acordo com o espaço de sala de aula).

Figura 1
Demonstrativo da experiência CHD-SDI

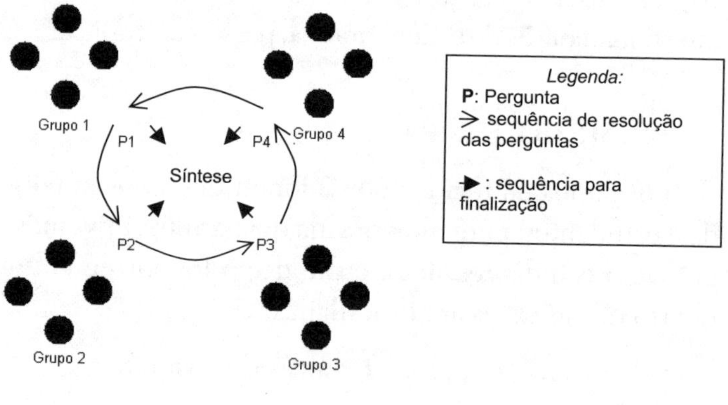

Este mesmo processo foi repetido em 4 (quatro) rodadas, até que a pergunta inicial voltasse para o seu grupo de origem conforme se pode verificar na figura acima.

Após o recebimento das perguntas com as respostas de todos os quatro grupos, os alunos puderam refletir e alterar suas respostas iniciais diante da argumentação dos grupos posteriores.

E no final foi feita uma discussão com todos os grupos, agora dispostos num grande círculo, a respeito das perguntas realizadas pelo professor e as dificuldades apresentadas durante a dinâmica da técnica aplicada (CHD-SDI).

7.2.5 Categorização e análise de dados

Conforme o objetivo geral de nosso estudo, levantamos como principal categoria teórica a *Metodologia do Ensino*, e como categorias empíricas os *conteúdos* programáticos (curriculares) da disciplina Química no Curso de Licenciatura da UFRPE e *ensino/métodos*. Uma vez definida a classificação das categorias, passamos à construção da matriz geral incluindo os dados obtidos na sistematização das respostas dadas pelos estudantes de cada grupo, conforme quadro a seguir. Agora, vejamos um quadro demonstrativo da classificação de dados no quadro 1 a seguir.

Quadro 1
Matriz Geral dos Dados

METODOLOGIA DO ENSINO DA QUÍMICA		
Categorias empíricas	**Unidades de análise**	
	Alunos de 2008.2	**Alunos de 2009.1**
1. Métodos de ensino		G1. Conjunto de técnicas e ferramentas para facilitar a aprendizagem.
	G2. Identificação das deficiências quanto à relação ensino-aprendizagem.	G2. Levar em consideração o perfil da turma para aplicar as técnicas e ferramentas.
	G3. A forma de abordagem do professor poderá facilitar ou dificultar a aprendizagem.	G3. Facilita a interação professor-aluno, embora nem sempre seja possível avaliar o perfil da turma.
	G4. Conjunto de técnicas para facilitar o ensino-aprendizagem.	G4. Consiste em um conjunto de técnicas pautadas em metodologias individuais.
2. Técnicas de ensino	G1. Diversificação de métodos para ensinar o conteúdo.	G1. Conjunto de técnicas para facilitar o ensino-aprendizagem.
	G2. Instrumentos utilizados para ensinar o conteúdo.	G2. Ferramenta utilizada na aplicação do método.
	G3. Conjunto de métodos para exposição de um determinado assunto.	G3. Forma de induzir à reflexão sobre o assunto abordado.
	G4. Formas diversificadas de transmitir um conteúdo.	G4. Ferramentas utilizadas para facilitar a abordagem do conteúdo.

3. Relações entre conteúdos, métodos e técnicas	G1-G2-G4. Existe dependência entre conteúdo, método e técnica. Conhecer o conteúdo para selecionar o método e a técnica.	G1. Relação linear: definir conteúdo, escolher método e aplicar técnica.
	G3. Conhecer o conteúdo para utilização de diferentes recursos.	G2. Escolha do conteúdo para utilização do método e aplicação da técnica segundo o contexto da turma.
		G3. Observar o conteúdo para escolher o método e aplicar a técnica para eficácia da metodologia.
		G4. Relação conjunta dos três processos: método aprimorando o ensino, técnica reproduzindo método proposto.

Segundo a matriz apresentada acima, passamos a analisar as *unidades de análise* a partir das *categorias empíricas:*

Quanto à primeira categoria *Metodologia de Ensino*, é possível observar que a turma 2008.2 foi mais objetiva nas concepções, uma vez que quase todas as equipes enfatizaram a *abordagem do professor* como uma forma de facilitar ou dificultar a aprendizagem dos conteúdos.

Enquanto que a turma 2009.1 externa que a metodologia é um conjunto de técnicas e ferramentas para facilitar o ensino-aprendizagem. Uma peculiaridade colocada por essa turma foi a necessidade de definir o *perfil* da turma para trabalhar os conteúdos através dos métodos e técnicas.

Tardif complementa que os *saberes experienciais* podem ser os saberes que os alunos já trazem quando chegam a um curso de formação inicial. À luz da tipologia dos saberes docentes, é possível reconhecer nas respostas dos alunos que ambas as turmas estão tratando especificamente de preconcepções provenientes dos *saberes experienciais*, saberes estes que não foram devidamente trabalhados na própria formação inicial, já que de acordo com os saberes da formação profissional o que se define como metodologia de ensino não corresponde às respostas apresentadas. Um fato preocupante é que as referidas turmas já se encontram no final do curso de Licenciatura e não apresentam os saberes bem elaborados com relação a esta categoria empírica.

Com relação à segunda categoria *Técnicas de Ensino*, a turma de 2008.2 concentra as unidades de análises nos termos *métodos*, *instrumentos* e *formas de transmitir*. Enquanto que a turma de 2009.1 destaca as palavras *ferramentas*, *técnicas para facilitar a abordagem*. Mesmo considerando que "métodos de ensino", "técnicas de ensino" e "ferramentas" apresentem epistemologicamente concepções diferentes, os alunos fazem uso dessas proposições relatadas dos alunos provavelmente para expressar o reconhecimento das técnicas como uma maneira de proceder do professor que segue um estilo individual na "transmissão" do conteúdo.

Ainda nesta categoria empírica, o grupo G2 do ano de 2009.1 traz um discurso interessante sobre as técnicas de ensino "*Ferramenta utilizada na aplicação do método*". Essa fala trata de maneira não articulada o reconhecimento de que as técnicas são dependente : do método de ensino adotado pelo professor.

Os resultados encontrados na segunda categoria reforçam a argumentação de Tardif quando diz que boa parte do que os professores demonstram saber sobre o ensino, sobre o ofício de professor e sobre como ensinar vêm de sua própria história de vida, principalmente de sua socialização enquanto alunos.

A terceira categoria empírica trata das relações entre conteúdo, método e técnica. Esta categoria demonstra a forma de que os professores em formação concebem a sistematização e conciliação do conteúdo disciplinar/curricular com o processo e a operacionalização do ensino, ou seja, ela demonstrará as concepções que tratam dos efeitos do método e da técnica escolhidos sobre o conteúdo que está sendo ensinado.

Os dados obtidos na turma 2008.2 revelam que os mesmos concebem a existência de fortes relações entre conteúdo, método e técnica (Grupos G1, G2 e G4), porém esta relação segue a ordem lógica de conhecer o conteúdo e depois selecionar o método e a técnica.

Nesta turma, o grupo G3 destoa um pouco do que foi dialogado com os outros grupos e como concepção das relações entre conteúdo, método e técnica diz que é necessário conhecer o conteúdo para utilização de diferentes recursos. Encontramos aqui um distanciamento entre a categoria empírica e a unidade de análise e não podemos dizer ao certo se eles empregam o termo "recursos" no sentido de "métodos ou técnicas" ou se realmente não entenderam a questão proposta.

Já na turma de 2009.1, todos os grupos praticamente sistematizam a relação conteúdo, método e técnica da seguinte maneira: definir (ou escolher, ou observar) o conteúdo, escolher (ou utilizar) método e aplicar técnica.

Estas concepções extraídas da terceira categoria empírica podem ser agrupadas no campo de saberes da formação profissional. Nelas os alunos mostram indícios deste saber relacionado à construção de uma prática profissional futura e reconhecem uma reflexão entre teoria e prática, mediante a integração dos métodos e técnicas no ensino dos conteúdos.

7.2.6 Considerações finais sobre a SDI no ensino da Química

Com relação às concepções dos estudantes sobre a metodologia, métodos e técnicas do ensino da Química e as possíveis relações no processo ensino-aprendizagem, podemos concluir que, mesmo os alunos estando cursando o final do curso de Licenciatura Plena, eles ainda não avançaram suas concepções em direção às definições que são postas pelas instituições de formação de professores. Foi comum encontrarmos falta de clareza conceitual e epistemológica entre os termos "método", "técnica" e "ferramentas".

Acreditamos que os motivos podem ser variados, mas alguns podem ser destacados para ampliar a visão a respeito do objetivo do trabalho e gerar novas questões:

- No Curso de Licenciatura em Química na UFRPE as disciplinas pedagógicas são estudadas apenas no fim do curso, ou seja, em regra geral, os alunos concluem todo o curso sem estudar e discutir os *saberes da formação profissional* e acabam permanecendo com os *saberes experienciais* praticamente durante todo o curso.
- Os alunos memorizaram experiências educativas marcantes em seu histórico de vida antes da formação inicial para a construção do Eu profissional, e esta formação mal estruturada não constitui um meio privilegiado de mudanças de concepções.
- A maioria dos estudantes não foi incorporada às práticas e rotinas didático-pedagógicas.

Em síntese, fazendo-se uma relação das concepções prévias dos estudantes do Curso de Licenciatura em Química, com as propostas dos saberes docentes necessários para a prática pedagógica, foi possível observar que as concepções dos alunos sobre métodos e técnicas de ensino se encontram regidas quase em sua totalidade nos *saberes experienciais*.

Os resultados sobre as relações entre conteúdo, método e técnica apresentaram resultados relevantes em direção à construção dos *saberes da formação profissional*, já que a maioria dos alunos reconheceu a relação que existe entre os termos, e sua importância para o ensino-aprendizagem. Para Tardif, esta mudança de concepção pode ser concretizada quando os mesmos mergulharem na prática profissional que é o espaço propício para refletir as dimensões identitárias e sociais da prática profissional do professor.

Outra questão importante neste trabalho foi o reconhecimento da técnica do CHD como ferramenta didática para coleta de dados sobre as concepções, método e técnicas para o ensino da Química, e como estratégia didática para o ensino.

A aplicação do CHD na sequência didática (SDI) permitiu maior dinâmica nas discussões ocorridas em sala de aula, possibilitando a exteriorização dessas concepções de forma espontânea e inovadora. E os alunos se sentiram mais à vontade para interpretar e reinterpretar os argumentos escritos pelos colegas.

Por fim, este trabalho aponta alguns subsídios para o Ensino de Ciências em duas perspectivas:

- a primeira concentra-se na importância do estudo das concepções dos professores, principalmente em formação inicial, uma vez que, quando se diagnostica a forma de pensar deste professor, pode-se definir estratégias propícias para amenizar as deficiências encontradas em tais concepções; e também, como fruto deste trabalho ainda na fase da formação inicial, pode-se atuar no agir pedagógico do futuro professor, o que está diretamente ligado aos resultados demonstrados pelos seus futuros alunos;

- a outra perspectiva se encontra no reconhecimento da CHD como uma boa proposta para tornar a sala de aula de ciências mais dinâmica, interativa e, principalmente, dialética. O CHD contribui para que a construção do conhecimento seja feita de forma que o saber novo se construa a partir de um saber anterior (seja ampliando ou negando, mas havendo superação); além de possibilitar uma construção do conhecimento de forma verdadeiramente coletiva e com a mediação do professor.

Finalmente, acreditamos que outro subsídio importante deste trabalho diz respeito às dinâmicas e condições de formação dos sujeitos pesquisados. Isto porque o conhecimento das concepções e do agir dos licenciandos revelam também os impactos das políticas de formação, mais precisamente dos currículos, da Formação de Professores em relação ao cotidiano da sala de aula quanto ao processo educativo no ensino de Ciências e Matemática.

7.3 CHD-SDI na formação inicial de professores de Ciências Biológicas

Este estudo foi desenvolvido com uma turma de trinta e seis estudantes do segundo período do Curso de Licenciatura em Ciências Biológicas, na disciplina Biofísica em 2007, na UFRPE. A pesquisa teve como principal objetivo analisar uma experiência didático-pedagógica utilizando a técnica do círculo hermenêutico-dialético (CHD) foi utilizada como ferramenta didática através da aplicação de questionários e entrevistas com os alunos, além da observação participante.

Formar professores, dialeticamente, significa reconhecer os limites e as possibilidades que compõem a complexidade do trabalho docente frente às exigências colocadas pelas transformações sociais. Isto implica formar professor como um "profissional crítico com práticas que se constituem como práxis revolucionárias, altera o trato do conhecimento, as formas de comunicação e linguagem e as relações de poder" (FRANÇA, 2006, p. 417).

Pensar a qualidade da formação sobre este prisma epistemológico é fundamental ao aprimoramento pessoal e profissional dos professores e dos educandos, já que concordamos com Imbernón (2006) na afirmação de que os formadores de professores atuam como uma espécie de currículo oculto da metodologia da educação. Assim, como defende Araújo (2008, p. 42), "[...] há uma tendência natural dos professores reproduzirem esquemas ou imagens da docência [...]".

Vista sob este olhar, a formação de professores, entre eles os de Ciências Biológicas, não ocorre somente nas disciplinas pedagógicas, como Didática, Metodologia do Ensino da Biologia ou nos Estágios Supervisionados, mas sim em todas as disciplinas que constituem a matriz curricular. O que significa dizer que todos os professores, independentemente de sua área específica de atuação, influenciam diretamente nas atitudes e valores dos professores em formação.

Essa constatação nos leva a empregar diferentes metodologias em sala de aula e, nesse contexto, a metodologia interativa foi utilizada como ferramenta didática em aulas da disciplina Biofísica. Ao conceber a formação de professores, delimitamos como objetivos desse artigo expor e analisar nossa experiência da metodologia interativa, adotada como ferramenta didática

7.3.1 Trabalhando a metodologia interativa

A complexidade educacional exige a criação e a utilização de metodologias coerentes a esse novo paradigma. Nessa perspectiva, acreditamos que *a metodologia interativa* é uma ferramenta ideal para pesquisas na área de Educação, que facilita a coleta e a análise dos dados coletados e, principalmente, permite uma visão sistêmica da problemática estudada. Este processo permite não só compreender, mas construir e reconstruir de forma dialética o objeto de estudo.

Pesquisadores que já utilizaram essa metodologia em dissertações, como Gomes (2004), Oliveira M.M. (2005) e Pelloso (2007), alegam que ela está fundamentada no paradigma da ciência contemporânea de que a compreensão do processo de conhecimento deve ser dinâmico e sistêmico, e afirmam também que ela se caracteriza pela aplicação da técnica do círculo hermenêutico-dialético (CHD) e da análise hermenêutico-dialética (AHD), que se completam no processo de coleta e análise dos dados.

Nessa metodologia, o círculo hermenêutico-dialético é uma troca permanente entre o pesquisador e os entrevistados, o que supõe "[...] constantes diálogos, críticas, análises, construções e reconstruções coletivas. Através do contínuo vai e vem é possível se chegar o mais próximo possível da realidade, chamada de *consenso*" (OLIVEIRA, M.M., 2007, p. 131).

Essa autora explica que a técnica do CHD é composta de três círculos concêntricos, e que neste estudo, conforme figura 2, essa técnica é assim representada: no círculo maior estão representados os entrevistados P1, P2, P3 e P4; o segundo círculo representa o nível das sínteses feitas pelos pesquisadores das respostas obtidas dos entrevistados; e o terceiro corresponde ao "consenso", ou, melhor dizendo, é possível chegar o mais próximo possível da realidade.

Dessa forma, na Figura 2, é importante observar que a sigla C1 significa a síntese construída pelo pesquisador das respostas do primeiro *professor* pesquisado-P1 após responder à entrevista; C2 é a síntese construída a partir das respostas de P1 e P2; C3 é a síntese construída a partir das respostas de P1, P2 e P3 e C4 é a síntese construída a partir das respostas de P1, P2, P3 e P4. Após a construção dessas sínteses, que constituem o pré-consenso, os sujeitos da pesquisa participaram de um encontro em que, a partir de discussões, tentaram chegar a um consenso, que corresponde ao círculo menor.

Na Figura 1, este processo está ilustrado, dando-se ênfase a sua dinâmica e à interatividade. A figura foi adaptada de Oliveira, M.M. (2007). Como ilustrado na figura, a aplicação da técnica do CHD ajuda no aprofundamento das reflexões coletivas para melhor compreensão da realidade estudada. Para Oliveira, M.M. (2007, p. 133), "[...] A maior contribuição dada pelo emprego dessa técnica diz respeito à pré-análise por cada entrevistado(a) e por cada grupo entrevistado [...]".

Figura 2
Círculo hermenêutico-dialético

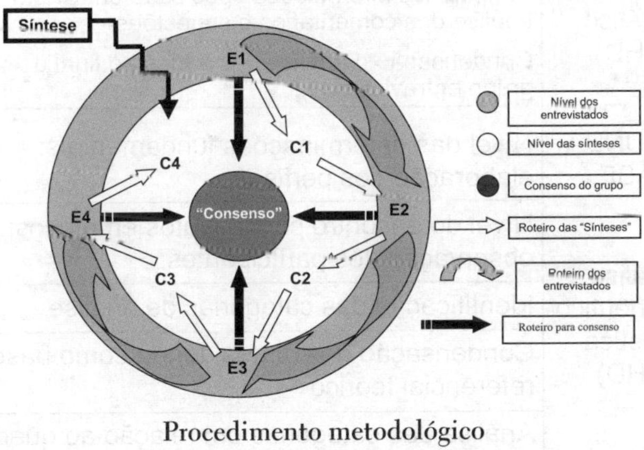

Procedimento metodológico
E = Entrevistado C = Construção teórica

Fonte: OLIVEIRA, M.M., 2007, p. 132.

7.3.2 Análise hermenêutico-dialética

O método de análise hermenêutico-dialética é, segundo Oliveira, M.M. (2007), uma complementaridade à técnica do CHD; e é esse processo dinâmico que permite uma análise geral, dando uma visão realista do contexto pesquisado.

Para melhor compreensão da complementaridade entre CHD e AHD, apresentamos no quadro 1 um detalhamento dos passos básicos da metodologia interativa. São apresentadas então, as subfases do CHD e da AHD.

Quadro 1
Fases da metodologia interativa

<table>
<tr><td rowspan="5">PRIMEIRA FASE

Círculo hermenêutico-dialético (CHD)</td><td>Construção e apicação dos instrumetnos de pesquisa</td></tr>
<tr><td>Coleta de dados e análise simultânea</td></tr>
<tr><td>Identificação dos aspectos essenciais junto a cada pessoa entrevistada e aos comentários</td></tr>
<tr><td>Síntese das informações após cada entrevista e análise dos comentários e sugestões</td></tr>
<tr><td>Condensação e análise dos dados ao final de cada grupo entrevistado</td></tr>
<tr><td rowspan="5">SEGUNDA FASE

Análise hermenêutico-dialética (AHD)</td><td>Nível das determinações fundamentais: elaboração dos perfis</td></tr>
<tr><td>Nível do encontro com os fatos empíricos: observação dos participantes</td></tr>
<tr><td>Identificação das categorias de análise</td></tr>
<tr><td>Condensação dos dados, tendo como base o referencial teórico</td></tr>
<tr><td>Análise das categorias em relação ao quadro teórico</td></tr>
</table>

Fonte: OLIVEIRA, M.M., 2007, p. 137-138.

7.3.3 Detalhamento da experiência CHD-SDI

A presente pesquisa foi realizada na disciplina Biofísica com uma turma composta por trinta e seis alunos, de segundo período do Curso de Licenciatura em Ciências Biológicas de uma instituição pública de Ensino Superior, no ano de 2007.

Na referida pesquisa, adotamos a técnica do CHD da metodologia interativa como ferramenta didática, cujos resultados foram analisados através da observação participante e do questionário aplicado aos alunos ao término da disciplina. Dada a dimensão qualitativa da pesquisa optamos pela entrevista narrativa com o grupo que apresentou seminário e recorreu à metodologia interativa.

A aplicabilidade dos princípios e/ou pressupostos da metodologia interativa se deu, pela primeira vez com a turma, para levantar os conhecimentos prévios sobre membrana plasmática, ou seja, foi utilizada com avaliação diagnóstica. Para Rabelo (1998), a avaliação diagnóstica permite identificar características de alunos, objetivando escolher sequências didáticas melhor adaptadas a tais categorias. Nessa fase da pesquisa foi necessário explicar detalhadamente o círculo hermenêutico-dialético para a turma, para que fosse possível a apropriação do mesmo por parte dos alunos. Para tal, a turma foi dividida em nove grupos de quatro alunos.

Nessa primeira etapa foi possível perceber as diferenças entre o emprego da metodologia interativa como pesquisa de campo através da utilização da técnica do círculo hermeneutico-dialético e dessa técnica como ferramenta didática. Na pesquisa de campo, a metodologia interativa, tendo como fundamento as *categorias teóricas* (temática central do objeto de estudo e temas convergentes), obtém os dados da pesquisa que se configuram como categorias teóricas e o levantamento das *unidades de análises*, que são as *respostas* dos atores sociais pesquisados. Por outro lado, em relação ao CHD como ferramenta didática, o processo é ainda mais dinâmico, visto que o grupo-classe é trabalhado inicialmente em pequenos círculos entre quatro a seis alunos e vai havendo junções desses grupos até formar o grande círculo com a totalidade dos alunos.

Nessa experiência, foram formados grupos de quatro alunos, que inicialmente receberam uma pequena ficha de papel para anotar o conhecimento já preexistente sobre o *tema membrana plasmática* e foram dadas as seguintes instruções: cada grupo deveria determinar quem seria o aluno 1, o aluno 2, o aluno 3 e o aluno 4; todos teriam 3 minutos para escrever o que soubessem sobre o assunto; após esse tempo, eles deveriam começar o CHD. Desse modo, o aluno 2 leria o que foi escrito pelo aluno 1 e complementaria, essa resposta seria lida pelo aluno 3, que também complementaria, e, por fim, o aluno 4 leria o texto dos alunos 1, 2 e 3 e complementaria. A construção metodológica continua com a leitura do texto final feita pelos quatro alunos, que podem mantê-lo ou modificá-lo, o que garante que o aluno 1 possa também reconstruir o texto final. Depois, cada grupo leria para toda a turma seu texto final e coletivamente os alunos construiriam o texto da turma, ou seja, o "consenso".

Salientamos que a palavra "consenso" representa o resultado final, ou seja, o texto coletivo. Assim, os alunos tiveram a oportunidade de fazer as mudanças necessárias para que o texto construído representasse o mais próximo possível à "realidade", ao conhecimento prévio da turma, que aqui é denominada de "consenso". Ressaltamos também que essa é a palavra utilizada por Oliveira, M.M. (2005) ao se referir ao que ocorre no CHD.

Após as aulas referentes ao assunto, reaplicamos o CHD como avaliação formativa. Segundo Rabelo (1998, p. 73), a avaliação formativa "É uma avaliação que contribui para melhorar a aprendizagem, pois informa ao professor sobre o desenvolver da aprendizagem e ao aluno sobre os seus sucessos e fracassos, o seu próprio caminhar". Nessa segunda experiência dos alunos com a metodologia interativa apenas foi necessário rever rapidamente sua utilização.

No decorrer de nossa pesquisa nos deparamos com um fato inusitado: um dos grupos, ao apresentar seminário que serviu como avaliação parcial da disciplina, utilizou a metodologia interativa como avaliação diagnóstica da turma. O tema do seminário era Biofísica da respiração. Assim, aplicamos também entrevista ao grupo que ministrou o seminário.

7.3.4 Analisando os resultados obtidos

A primeira questão de nosso questionário referia-se às facilidades e dificuldades encontradas pelos educandos para utilizar a metodologia interativa como avaliação diagnóstica. As respostas encontradas podem ser visualizadas no gráfico a seguir.

Gráfico 2
Facilidades e dificuldades no uso do CHD

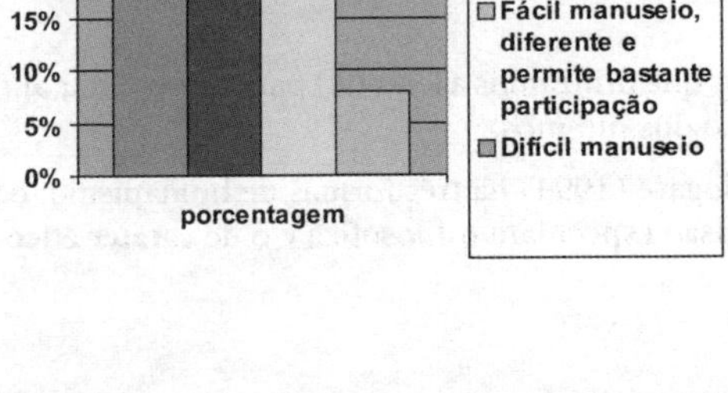

Entre os alunos que alegaram que a metodologia foi facilmente utilizada pelos mesmos, como ferramenta didática, destacamos as seguintes respostas[21]:

> Achei muito fácil e legal utilizar a metodologia porque permite que todos participem, ninguém fica parado. (A5)
>
> Senti dificuldade em entender o CHD, mas quando começamos a trabalhar com ele consegui compreender. (A9)
>
> Gostei de ter uma aula diferente, principalmente em Biofísica, que é uma disciplina bastante complexa. Acho que outras disciplinas deveriam utilizar também. (A12)

Podemos perceber que a metodologia interativa, como ferramenta didática, proporciona a participação dos alunos, além de sua integração no trabalho em grupo. Desse modo, atentamos para o caráter humanista da mesma, pois entendemos que o humanismo, independente da forma que possa assumir[22], "[...] tende a tornar o homem mais verdadeiramente humano, e manifestar sua original grandeza através da sua participação em tudo aquilo que pode enriquecê-lo na natureza e na história [...]" (OLIVEIRA, A.S., 1985, p. 115).

Como nos diz Freire (1980), os esforços de um educador humanista devem corresponder com os dos alunos para haver comprometimento com um pensamento crítico e com a procura de humanização mútua. Assim, notamos que a metodologia interativa promove a participação dos educandos e a construção do conhecimento em uma atmosfera de confiança entre educando-educando e educando-educador.

21. Destacamos que utilizamos a letra (A) para representar aluno e assim manter o anonimato dos mesmos.

22. Segundo Nogare (1994) há três formas de humanismo: o histórico-literário, o de dimensão especulativo-filosófica e o de caráter ético-sociológico.

Dialogando com França (2003, p. 43), ressaltamos nesta proposição interativa estímulos epistêmicos e metodológicos para "[...] mobilizando-nos enquanto cientistas, educadores(as), formadores(as) de opinião, devemos deixar transparecer em nossa práxis a nossa visão de mundo, de ser humano, de educação, de lazer, de corporeidade que estamos ajudando a construir".

Na segunda questão, perguntamos aos alunos se os mesmos gostariam de ter mais aulas com a metodologia interativa e o porquê. Cem por cento (100%) dos alunos alegou querer mais aulas com a utilização da mesma e atestaram que:

> A aula ficou mais dinâmica e interessante. (A11)
> É muito bom sair da rotina de aulas expositivas. (A15)
> Gosto de trabalhar em grupo e essa técnica valoriza o que todos pensam. (A27)
> Gostei porque permite uma discussão ampla. Há aulas que não podemos falar nada, só escutar e anotar. (A32)

Evidenciamos nas respostas dos educandos a necessidade de o docente inovar, sair da rotina, para tornar suas aulas mais dinâmicas. Gil Perez e Carvalho (2001) identificam a ruptura com visões simplistas sobre o ensino de Ciências como uma necessidade formativa do professor de Ciências. Desse modo, concordamos com Leite (2004) que o professor precisa reconhecer que, em sua tarefa docente, não basta saber o conteúdo a ser ensinado. Acreditamos que o docente precisa inovar e, para tal, acreditamos na metodologia interativa como uma dessas formas.

Gil Perez e Carvalho (2001) também citam outra necessidade formativa do professor de Ciências, que encontra acolhida na metodologia interativa: trata-se de saber analisar criticamente o ensino tradicional. Nesse contexto, o professor precisa não somente avaliar criticamente esse tipo de ensino e rejeitar as teorias e práticas consideradas retrógradas na educação, como também manter aquelas que forem válidas.

Como um dos grupos recorreu ao uso da metodologia interativa para apresentação de seminário, optamos por entrevistá-los para elencar com os mesmos como tinha sido a experiência de utilizar a metodologia sob um novo ângulo, sob a ótica de professores. Ressaltamos que os acadêmicos utilizaram a metodologia interativa como avaliação diagnóstica.

O grupo era composto por cinco integrantes e os mesmos alegaram ter recorrido à metodologia interativa pelos seguintes motivos: aprenderam-na bem e, portanto, teriam como utilizá-la corretamente; acharam que a mesma foi bem aceita pela turma; julgaram a metodologia como facilitadora do processo de ensino-aprendizagem de uma forma diferente, mais participativa e dinâmica; encontraram nela uma forma de sair da rotina.

Verificamos assim que a metodologia interativa muito se aproxima do pensamento freireano ao trazer, como componentes essenciais da mesma, o amor e a esperança, frutos de uma visão libertadora e humanista. E concordamos com Mendonça (2008), quando afirma que Freire vai buscar na Filosofia, principalmente em Jaspers, a concepção de que o ser-em-si-mesmo está vinculado ao ser-em-comunicação. Assim, a metodologia interativa propicia o diálogo que deve ser mantido no fazer permanente do docente. Como diz Freire com propriedade: "Permanente, na razão da inconclusão dos homens e do devenir da realidade" (FREIRE, 1987, p. 73).

7.3.5 Considerações sobre a SDI na formação inicial em Ciências Biológicas

A formação de professores tem importância crucial à educação e, portanto, (re)visitar esse processo constantemente significa refletir, analisar, criticar e (re)construí-lo para o entendimento das implicações do mesmo na prática docente.

Nesse processo formativo, o futuro docente apropria-se de saberes para ter a clareza de que é educador de mudança, de transformação, e que formador e formandos constituem e são constituídos. Há um rompimento, nessa perspectiva, com a concepção de formação como reprodutora social, mantenedora da realidade.

Para que o docente favoreça mudanças, sua formação precisa ter uma vertente crítica e reflexiva para atender às demandas sociais de renovação na educação e também para fugir de um modelo tradicional. Vivemos na era da informação, da tecnologia, da rapidez de pensamentos e ações; mas também na era da distância, do isolamento das pessoas, da falta de diálogo. Desse modo, não podemos ser alheios a uma nova geração que apresenta novas necessidades formativas.

E, nesse contexto, a metodologia interativa parece-nos um dos caminhos que pode ser trilhado na busca de novas metodologias de ensino na formação de professores. Uma ferramenta didática que possibilita trocas, comunicação, dinamismo, participação e diálogo.

Acreditamos, como Freire (1992), que o diálogo que aproxima os homens uns dos outros se nutre de amor, de humildade, de esperança; mas também compreendemos e defendemos:

> O que se pretende com o diálogo não é que o educando reconstitua todos os passos dados até hoje na elaboração do saber científico [e técnico]. Não é que o educando faça adivinhações ou que se entretenha num jogo puramente intelectualista de palavras vazias. O que se pretende com o diálogo, em qualquer hipótese, [...] é a problematização do próprio conhecimento em sua indiscutível reação com a realidade concreta na qual se gera e sobre a qual se incide, para melhor compreendê-la, explicá-la, transformá-la (FREIRE, 1992, p. 52).

Frente ao exposto, consideramos o diálogo uma oportunidade de ampliação de visão de mundo, que ocorre midiatizado pelo mundo, pois o homem é um ser inconcluso, em constante construção. E, nessa perspectiva, a metodologia interativa mostra-se como uma ferramenta didática norteadora do diálogo investigativo e, consequentemente, temos mais uma alternativa para facilitar o processo ensino e aprendizagem nas diferentes áreas do conhecimento.

CONSIDERAÇÕES FINAIS

A construção desta obra, com base nos dados da pesquisa aplicada junto aos mestrandos do Programa de Pós-graduação em ensino das Ciências da UFRPE e na demonstração de como se realiza uma pesquisa qualitativa através da utilização da *metodologia interativa*, leva-nos a afirmar com segurança: o aprofundamento dos referenciais aqui trabalhados facilita a realização de uma *pesquisa qualitativa*.

O desenvolvimento e a aplicabilidade da *metodologia interativa* em nossa tese de doutorado e na construção deste livro vêm confirmar que essa metodologia é viável. Outro dado importante para corroborar essa afirmativa está na direção da aplicabilidade da *metodologia interativa* em várias dissertações e teses que já foram defendidas e aprovadas. Os mestrandos e doutorandos que adotaram essa metodologia testemunharam em público que o procedimento metodológico dessa nova abordagem qualitativa *é dinâmico e fascinante por oferecer bases sólidas quanto aos procedimentos para operacionalização de seus projetos acadêmicos*.

Apoiando-nos em depoimentos dos que já utilizaram a *metodologia interativa* e dos que ainda estão em fase de conclusão de suas pesquisas, temos a grata satisfação de oferecer aos neófitos(as) em pesquisa esta obra que certamente trará uma contribuição para os que necessitam construir monografias, dissertações ou teses dentro de uma abordagem qualitativa.

Com essa nova proposta de pesquisa qualitativa através da *metodologia interativa* inserimo-nos no novo paradigma de pesquisa na contemporaneidade, que é chamado de *paradigma dois* ou *holístico*, tendo como principal característica a *descrição do contexto em seu movimento*. Assim, rompendo com o paradigma tradicional, que é reducionista, informamos aos leitores(as) que a metodologia interativa se aplica a qualquer área de conhecimento, indo das ciências humanas às ciências exatas.

Seguramente, os estudiosos e novos pesquisadores interessados em trabalhar dentro de uma abordagem qualitativa poderão ter a certeza de que a metodologia interativa é mais uma proposta que privilegia os *atores sociais* e minimiza a subjetividade do pesquisador(a). Essa nova proposta metodológica é recomendável para professores e estudantes de Pós-graduação, desde que pretendam trabalhar dentro de uma visão sistêmica, dialética, interacionista, vendo o homem e a mulher como *sujeitos* que fazem e refazem a história, na busca de explicações para o entendimento da realidade que se pretende estudar.

A *metodologia interativa* é mais uma opção quanto à quebra de paradigma, sendo importante assinalar que se faz necessário a ruptura com a ideia de que a pesquisa qualitativa é fluida, visto que esse tipo de pesquisa nos permite ter uma visão holística e sistêmica da realidade em que nos encontramos ou pesquisamos, para a qual desejamos obter um conhecimento em maior profundidade. É dentro dessa visão que a utilização da *metodologia interativa* exige bastante leitura, interação com os atores sociais, *disciplina acadêmica*, perseverança, criatividade e ousadia para aceitar o novo.

A utilização da metodologia interativa em dissertações já defendidas nos tem demonstrado que sua aplicação permite de fato um *trabalho interativo* entre pesquisador e pesquisados. Isso nos assegura um processo bastante dinâmico e o que nos vem surpreendendo é o fato dessa metodologia estar sendo aplicada com maior frequência por professores do ensino de Ciências, notadamente em física, matemática e biologia. Várias pesquisas já foram realizadas com sucesso tanto nas áreas de ciências humanas, como em ciências sociais e ciências exatas.

Finalmente, a título de uma sistematização geral e conclusiva apresentamos no quadro a seguir uma visão panorâmica de todo processo que configura a *metodologia interativa.*

Quadro 7
Triangulação dos dados

Como se pode verificar, a dinâmica de utilização da metodologia interativa demonstra que de fato existe uma consistente revisão de literatura, clareza quanto à coleta de dados através da realização de entrevistas e *da aplicação de questionários* e uma sólida *análise* ancorada na fundamentação teórica.

Portanto, caro leitor(a), este livro foi construído em bases sólidas, e esperamos que ele lhe possa trazer subsídios para atender seus objetivos e, assim, contribuir para o avanço do conhecimento, fazendo valer o título desta obra: *Como fazer pesquisa qualitativa.*

REFERÊNCIAS

ALLARD, Denis. **De l'évaluation de programme au diagnostic sócio-systémique: trajet épistémologique.** 280p. Thése de doctorat em Sociologie. Montreal: Université du Québec à Montreal, 1996.

ALMEIDA, Custódio Luis S. de. **Hermenêutica e dialética.** Porto Alegre: EDIPUCRS, 2002.

ALMEIDA, P.C.A.; BIAJONE, J. **Saberes docentes e formação inicial de professores:** implicações e desafios para as propostas de formação. São Paulo: USP, Educação e Pesquisa 2007.

ANDRÉ, Marli Eliza D. **A etnografia da prática escolar**. 11. ed. São Paulo: Papirus, 2004.

ARAÚJO, M.L.F. **Tecendo conexões entre a trajetória formativa de professores de Biologia e a prática docente a partir da educação ambiental**. 2008. 192 f. Dissertação (Mestrado em Ensino das Ciências). Programa de Pós-graduação em Ensino das Ciências. Universidade Federal Rural de Pernambuco. Recife-PE, 2008.

ASSOCIAÇÃO BRASILEIRA DE NORMAS TÉCNICAS. **NBR 6023**: informação e documentação: citações em documentos. Apresentação. Rio de Janeiro, 2002.

_______ **NBR 10520**: informação e documentação: referências: elaboração. Rio de Janeiro, 2002.

_______ **NBR 14724**: informação e documentação: trabalhos acadêmicos; apresentação. Rio de Janeiro, 2002.

BACHELAR, G.O. **O novo espírito científico**. Rio de Janeiro: Tempo Brasileiro, 1968.

BARBIER, René. **Pesquisa-ação na instituição educativa**. Rio de Janeiro: Zahar, 1985.

BAPTISTA, Dulce Maria Tourinho. O debate sobre o uso de técnicas qualitativas e quantitativas de pesquisa. In: MARTINELLE, Maria Lúcia (org.). **Pesquisa qualitativa**: um instigante desafio. Série Núcleo de Pesquisa 1, NEPI/PUC-SP. São Paulo: Veras, 1999.

BARDIN, Laurence. **Análise de conteúdo**. Trad. de Luis Antero Neto. Lisboa: Ed. 70, 1977.

BORDA, Fals. Aspectos teóricos da pesquisa participante: considerações sobre o papel da ciência na participação popular. In: BRANDÃO, Carlos Rodrigues (org.). **Pesquisa participante**. São Paulo: Brasiliense, 1983.

BORNHEIM, Gerd A. (org.). **Os filósofos pré-socráticos**. São Paulo: Cultrix, 1981.

BOUTIN, Gerald. **L'entretien de recherche qualitatif**. Quebec: Les Presses de l'Université du Quebec, 1977.

BRANDÃO, Carlos Rodrigues. **Pesquisa participante**. São Paulo: Brasiliense, 1983.

BRASIL. Ministério da Educação e Desporto/Secretaria de Educação Fundamental. Parâmetros Curriculares Nacionais. Volume 3: **Matemática**. Brasília: MEC/SEF, 1997.

BROUSSEAU, Guy. La theorie des citationes didactiques. **Grenoble**. Disponível em: www.dipmat.match.inipa.it-grim/brosseau montreal 03.pdf – Acesso em: 09 out. 2006.

CAPRA, Fritjof. **O ponto de mutação**: a ciência, a sociedade e a cultura emergente. São Paulo: Cultrix, 1990.

CARVALHO, Anna Maria Pessoa. Critérios estruturantes do ensino de Ciências. In: **Ensino de Ciências**: unindo pesquisa à prática. São Paulo: Thomson Pioneira, 2003.

CARVALHO, Anna Maria Pessoa; GIL PEREZ, D. **Formação de professores de Ciências**: tendências e inovações. São Paulo: Cortez, 1993.

CHAUÍ, Marilena. **Introdução à história da filosofia**: dos pré-socráticos a Aristóteles. São Paulo: Brasiliense, 1994.

CHEVALLARD, Y. **Sur l'ingenière didactique**. Deuxiéme École d'Éte de Didactique des Mathématiques. Olivet, 1982.

CHIZZOTTI, Antonio. **Pesquisa em ciências humanas e sociais**. 6. ed. São Paulo: Cortez, 2003.

CRUZ, Carla; RIBEIRO, Uirá. **Metodologia científica**: teoria e prática. Rio de Janeiro: Axcel Books, 2003.

CRUZ, Otávio Neto. **Pesquisa social**: teoria, método e criatividade. 6. ed. Petrópolis: Vozes, 1996.

CUNHA, Emmanuel Ribeiro. **Os saberes docentes ou saberes dos professores**. Disponível em <http://www.nead.unama.br/prof/admprofessor/fileproducao.asp?codigo=17>. Acesso em: 20 abr. 2009.

DENCKER, Ada de Freitas Manetí; VIÁ, Sarah Chucid da. **Pesquisa empírica em ciências humanas com ênfase em comunicação**. São Paulo: Futura, 2002.

DIDIER, Julia. **Dictionnaire de la Philosophie**: reférences Larousse. Paris: Larousse, 1995.

DOWNES, Stephen. **Erros de definição**. Canadá: Universidade de Alberta, 1997.

DUVERGER, Maurice. **Ciência política**: teoria e método. Rio de Janeiro: Zahar, 1975.

FERREIRA, Aurélio Buarque de Holanda. **Dicionário Aurélio da Língua Portuguesa**. Rio de Janeiro: Nova Fronteira, 1988.

FLICK, Uwe. **Uma introdução à pesquisa qualitativa**. 2. ed. São Paulo: Bookman, 2002.

FRANÇA, T.L. **Lazer – Corporeidade – Educação**: o saber da experiência cultural em prelúdio. 2003. 332 f. Tese (Tese de Doutorado em Educação) – Universidade Federal do Rio Grande do Norte, 2003.

FREIRE, Paulo. **A importância do ato de ler**. 44. ed. São Paulo: Cortez, 2003.

______. **Pedagogia da autonomia.** 26 ed. Rio de Janeiro: Paz e Terra, 2004.

GIL, Antonio Carlos. **Métodos e técnicas de pesquisa social**. São Paulo: Atlas, 1999.

GIOVANI, José Ruy; BONJORNO, José Roberto. **Matemática 2º Grau** – vol. I. São Paulo: FTD, 1992.

GODOY, Arilda S. Introdução à pesquisa qualitativa e suas possibilidades. **Revista de Administração de Empresas**. V. 2, mar./abr. São Paulo, 1995.

GOMES, A.A.O. **Formação continuada dos professores do ensino de ciências naturais do Centro de Educação de Jovens e Adultos (CEJA).** Recife, 2004. 128 f. Dissertação (Mestrado de Ensino das Ciências). Programa de Pós-graduação em Ensino das Ciências. Universidade Federal Rural de Pernambuco, 2004.

GUBA, Egon S.; LINCOLN, Ivonna. **Fourth generation evaluation**. Newbury: Sage, 1989.

HUBERMAN, A. Michael; MATTHEW, Milles B. **Analyse des données qualitatives**: recueil de nouvelles méthodes. Bruxeles: De Boeck Université, 1999.

IMBERNÓN, Francisco. **Formação docente profissional**: formar-se para mudança e a incerteza. São Paulo: Cortez, 2006.

KERLINGER, Fred N. **Metodologia da pesquisa em ciências sociais**: um tratamento conceitual. São Paulo: EPU/Edusp, 1980.

KRASILCHIK, Myriam. Caminhos do ensino de ciências no Brasil. **Em aberto**, Brasília, v. 55, n. 11, 1992.

LANDSHEERE, Gilbert de. **Dictionaire de l'evaluation et de la recherche en éducation**. Paris: Presses Universitaires de France, 1979.

LAPERRIÉRE, Anne. Les critéres de scienticité des méthodes qualitatives. Quebec: **Actes de colloque du Conseil Quebécoises de la recherche social**. Quebec: Rimousqui, 1993.

LEGENDRE, Renald. **Dictionnaire actuel de l'éducation**. 2. ed. Montreal: Guér, 1993[Éditeur limitée].

LIBANEO, José Carlos. **Didática**. São Paulo: Cortez, 1994.

MAREN, Jean-Marie van de. **Méthodes de recherche pour l'éducation**. Montréal: Les Presses de l'Université de Montréal, 1995.

MARTINELLI, Maria Lúcia (org.). **Pesquisa qualitativa**: um instigante desafio. São Paulo: Veras, 1999.

MARX, Karl; ENGELS, Friedrich. **Ideologia alemã**. São Paulo: Hucitec, 1987.

MAYER, Robert; OUELLET, Francine. **Méthodologie de recherche pour les intervenats sociaux**. Quebec: Gaetan Morin, 1991.

MENDONÇA, N.A. **Pedagogia da humanização**: a pedagogia humanista de Paulo Freire. São Paulo: Paulus, 2008.

MINAYO, Maria Cecília de Souza. **O desafio do conhecimento** – Pesquisa qualitativa em saúde. 8. ed. São Paulo: Hucitec/Brasco, 2004.

MILLES, Mathew B. "Qualitative data as an atractive nuisance: the prolem of analysis". In: **Administrative Science Quarterly**, v. 24, n. 4. Nova York: Greenwood, 1979.

MUCHIELLI, Alex (org.). **Dictionnaire des méthodes qualitatives en sciences humaines**. Paris: Armand Colin, 1996.

OLIVEIRA, Claudionor dos Santos. **Metodologia científica, planejamento e técnicas de pesquisa**: uma visão holística do conhecimento humano. São Paulo: LTR, 2000.

OLIVEIRA, Maria Marly de. **Como fazer projetos, relatórios, monografias, dissertações e teses**. Rio de Janeiro: Impetus, 2003.

________. **Formação em associativismo e desenvolvimento local no Nordeste do Brasil**: a experiência de Camaragibe. 1999, 320p. Tese (Doutorado em Educação). Quebec/Canadá: Universidade de Sherbrooke, 1999.

________. **Metodologia interativa**: um processo hermenêutico-dialético. Interfaces Brasil-Canadá. **Revista da ABECAN**, Bahia, v. 1, n. 1, p. 67-79. Bahia.

OLIVEIRA, Sílvio Luiz de. **Tratado de metodologia científica**: projetos de pesquisas, TGI, TCC, monografias, dissertações e teses. 2. ed. São Paulo: Pioneira, 1999.

PACHECO, J.A.; FLORES, M.A. **Formação e avaliação de professores.** Porto: Ed. do Porto, 1999.

PELLOSO, G. **Investigando a utilização de gráficos cartesianos como ferramenta para a compreensão do conceito de movimento na 1ª série do Ensino Médio**. Recife, 2007. 181 f. Dissertação (Mestrado do Ensino das Ciências). Programa de

Pós-graduação em Ensino das Ciências. Universidade Federal Rural de Pernambuco, 2007.

PÉREZ-GOMÉZ, P.O. O pensamento prático do professor – A formação do professor como profissional reflexivo. In: NÓVOA, A. (org.). **Os professores e sua formação**. Lisboa: Dom Quixote, 1995.

POPPER, Karl Raymund. **A lógica da pesquisa científica**. São Paulo: Cultrix, 1975.

RABELO, E.H. **Avaliação**: novos tempos, novas práticas. Rio de Janeiro: Vozes, 1998.

RECH, Daniel. **Cooperativas**: uma alternativa de organização popular. Rio de Janeiro: Fase, 1995.

RICHARDSON, Roberto Jarry. **Pesquisa social**: métodos e técnicas. 3. ed. São Paulo: Atlas, 1999.

ROBERT, Paul. **Le petit Robert**: Dictionnaire alphabétique et analogique de langue française. Paris: Le Robert, 1990.

RUDIO, Franz Victor. **Introdução ao projeto de pesquisa científica**. 9. ed. Petrópolis: Vozes, 1985.

SANTOS, Antonio Raimundo dos. **Metodologia científica**: a construção do conhecimento. 4. ed. Rio de Janeiro: DP&A, 2001.

SANTOS, Izequias Estevam dos. **Métodos e técnicas de pesquisa científica**. 4. ed. Rio de Janeiro: Impetus, 2003.

SEVERINO, Antonio Joaquim. **Metodologia do trabalho científico**. 21. ed. São Paulo: Cortez, 2000.

SCHLEIERMACHER, Friedrich D.E. **Hermenêutica**: arte e técnica da interpretação. 3. ed. Petrópolis: Vozes, 2001 [Tradução e apresentação de Celso Braida].

SILVA, Rejane Maria Ghisolfi da; FERREIRA, Talita. Formação iniciaç de professores de química: identificando as necessidades formativas. In: VI Congresso Internacional de Educação, 4, 2007, Concórdia. **Anais...** Concórdia: UNC, 2007.

SIRKIS, Alfredo (org.). **Meio ambiente no século XXI**. 2. ed. Rio de Janeiro: Sextante, 2003.

SCHNETZLER, Roseli Pacheco. O Professor de Ciências: problemas e tendências de sua formação. In: ______.(org.). **Ensino de Ciências:** fundamentos e abordagens. Campinas, Ed. Ltda, 2000, p.12-41.

SCHÖN, D.A. **Educando o profissional reflexivo**. Porto Alegre: Artes Médicas, 2000.

______. Formar professores como profissionais reflexivos. In: NÒVOA, A. (org.). **Os professores e sua formação**. 2 ed. Lisboa: Dom Quixote, 1995.

TARDIF, M. LESSARD, C.; LAHAYE,L. Os professores face ao saber:um esboço de uma problemática do saber docente. **Teoria e Educação**, no. 4, 1991.

_________. **Saberes docentes e formação profissional**. Petrópolis: Vozes, 2002.

THIOLLENT, Michel. **Metodologia da pesquisa-ação**. 4. ed. São Paulo: Cortez, 1988.

TURATO, Egberto Ribeiro. **Tratado da metodologia da pesquisa clínico-qualitativa**: construção teórico-epistemológica, discussão comparada e aplicação nas áreas da saúde e humanas. Petrópolis: Vozes, 2003.

VASCONCELOS, Maria José Esteves de. **Pensamento sistêmico**: o novo paradigma da ciência. 3. ed. Campinas: Papirus, 2002.

YIN, Robert K. **Estudo de caso**: planejamento e métodos. 3. ed. Porto Alegre: Bookman, 2005.

BIBLIOGRAFIA COMPLEMENTAR

ACKOFF, R.L. **Planejamento da pesquisa social**. São Paulo: Herder, 1967.

BACHELARD, G. **La formation de l'esprit scientifique**. Paris: Vrin, 1938.

BARBIER, René. **A pesquisa-ação na instituição educativa**. Rio de Janeiro: Zahar, 1985.

BARROS, Aidil Jesus Paes; LEHFELD, Neide Aparecida de Souza. **Projetos de pesquisa**: propostas metodológicas. Petrópolis: Vozes, 1990.

______. Fundamentos de metodologia científica. São Paulo: McGraw Hill, 1986.

BOUDON, Raymond. **Métodos quantitativos em sociologia**. Petrópolis: Vozes, 1973.

CAPRA, Fritjof. **A teia da vida**: uma nova compreensão científica dos sistemas vivos. São Paulo: Cultrix, 1997.

CASTRO, Cláudio de Moura. **Metodologia científica**. 2. ed. São Paulo: Atlas, 1991.

CHALMERS, Alan F. **O que é ciência, afinal?** São Paulo: Brasiliense, 1992.

CLAUX, R. & GÉLINAS, Arthur. **Systhémique et résolution de problémes des systhèmes souples**: guide d'utilisation. Montreal: Editions Agence d'ARC Inc, 1982.

DEMO, Pedro. **Educação e conhecimento**: relação necessária, insuficiente e controversa. Petrópolis: Vozes, 2000.

DOOLEY, Robert A.; LEVINSOHN, H. Atephen. **Análise do discurso**: conceitos básicos em linguística. Petrópolis: Vozes, 2001.

GOMES, Romeu. **Pesquisa social**: teoria, método e criatividade. 6. ed. Petrópolis: Vozes, 1996.

GUBA, Egon S.; LINCOLN, Ivonna S. **Fourth generation evaluation**. Newbury Park: Sage, 1989.

HAGUETTE, T.M.F. **Metodologias qualitativas na sociologia**. 4. ed. Petrópolis: Vozes, 1995.

HEIDEGGER, Martin. **L'être et le temps**. Paris: Gallimard, 1964.

HENRY, John. **A revolução científica e as origens da ciência moderna**. Rio de Janeiro: Zahar, 1998.

HESSEN, Johannes. **Teoria do conhecimento**. São Paulo: Martins Fontes, 2000.

HUBERMAN, A. Michael. **Dialética e hermenêutica**. Porto Alegre: L&PM, 1987.

________. **Conhecimento e interesse**. Rio de Janeiro: Guanabara, 1987.

KAPLAN, Abraam. **A conduta na pesquisa**: metodologia para as ciências do comportamento. São Paulo: Herder, 1972.

KIDDER, Louise H. **Métodos de pesquisa em ciências sociais**. São Paulo: EPU, 1987.

MARTINS, J.; BICUDO, M.A.V. **A pesquisa qualitativa em psicologia**: fundamentos e recursos básicos. São Paulo: Moraes/Educ., 1989.

MARX, Karl. **Contribuição à crítica da economia política (Prefácio)**. Trad. de Maria Helena B. Alves. São Paulo: Martins Fontes, 1977.

MINAYO, Maria Cecília de Souza (org.). **Pesquisa social**: teoria, método e criatividade. Petrópolis: Vozes, 1994.

MORIN, Edgar. **O método 3**: o conhecimento do conhecimento. Porto Alegre: Sulina, 2003.

________. **O método 4**: as ideias, habitat, vida, costumes, organização. 2. ed. Porto Alegre: Sulina, 2001.

NOT, Louis. **Ensinando a aprender**. São Paulo: Summus, 1993.

OUELET, G. **Processus de recherche**: une approche systémique. Sillery: Les Presses de l'Université du Quebec, 1985.

PEREIRA, Júlio César Rodrigues. **Análise de dados qualitativos**. São Paulo: Edusp, 1999.

POPPER, Karl. **A lógica da pesquisa científica**. São Paulo: Cultrix, 1975.

SELTIZ, C. et al. **Métodos de pesquisa nas relações sociais**. São Paulo. Herder, 1974.

Apêndice A

Facilidades e dificuldades na elaboração de projetos e dissertações

Questionário aplicado aos mestrandos do Ensino de Ciências da UFRPE

Prezado(a) aluno(a), gostaria muito de contar com seu apoio, para que eu possa construir um livro sobre METODOLOGIA INTERATIVA (abordagem qualitativa).

Por favor, responda este questionário e apresente sugestões. Antecipadamente agradeço toda atenção que me for dispensada.

1. Quais são suas maiores **dificuldades** para construção de seu **projeto de pesquisa** e/ou elaboração de sua **dissertação** de Mestrado?

2. Especifique suas dúvidas quanto a:

a) Fundamentação teórica

b) Metodologia

3. **Sugestões** para construção de um "manual" sobre *pesquisa* dentro de uma *abordagem qualitativa.*

Muito obrigada
Marly Oliveira, Ph.D.

Apêndice B

Pistas para construção da fundamentação teórica

DESENVOLVIMENTO SUSTENTÁVEL

Maria Marly de Oliveira, PhD

O *desenvolvimento sustentável* deve ser compreendido numa dimensão global, tomando-se como referência os processos de mudanças sociopolíticas, socioeconômicas e interinstitucionais que visam facilitar o crescimento econômico, compatível com as condições do meio ambiente.

Nessa direção, Magalhães (1995, p. 25) afirma que "O desenvolvimento sustentável deve promover o progresso sem eliminar os recursos naturais". Por isso, se faz necessário buscar alternativas para garantir a qualidade de vida das gerações atuais, sem comprometer a qualidade de vida das gerações futuras.

A literatura pertinente a essa temática aponta como marcos referenciais o processo de informação, mobilização, organização das instituições e dos atores sociais organizados em um determinado território. As discussões em termos mundiais estão mais concentradas em três conceitos:

- *Relatório de Brunthand* (equidade intergerencial: presente e futuro).
- *Banco Mundial* (igualdade de oportunidades, como diretriz permanente).
- *Processo duradouro*, que permanece ao longo do tempo, como visão holística (integridade) nas quatro dimensões: econômica, social, ambiental e política (BEZERRA, 1995, p. 41).

Desses conceitos, o mais conhecido e mais utilizado é o do relatório da Comissão Brunthand, elaborado em 1987, que afirma:

> [...] O desenvolvimento sustentável é um processo que busca satisfazer as necessidades e aspirações do presente, sem comprometer a possibilidade das gerações futuras para atender suas próprias necessidades, ou ainda um processo de mudança no qual a exploração dos recursos, a orientação dos investimentos, os rumos do desenvolvimento tecnológico e a mudança institucional estão de acordo às necessidades atuais e futuras (p. 26).

Analisando esse conceito, podemos encontrar como ideias básicas: *processo*, *gerações*, *necessidades* e *aspirações*.

* A faixa etária aqui sugerida é aleatória, cabendo ao leitor fazer a opção mais adequada ao seu objeto de estudo.

Apêndice C

Dicas para elaboração de questionários

QUESTIONÁRIO

Prezado professor(a), sendo aluno(a) do Mestrado do Ensino de Ciências da UFRPE, espero contar com seu apoio quanto ao preenchimento deste questionário, que tem como principal objetivo a realização de um trabalho acadêmico. Antecipadamente agradeço sua valiosa colaboração.

Dados pessoais:

Sexo: ☐ Feminino ☐ Masculino

1. Faixa etária*

☐ Entre 20 a 25 anos ☐ Entre 21 a 25 anos

☐ Entre 26 a 30 anos ☐ Entre 31 a 35 anos

☐ Entre 31 a 35 anos ☐ Entre 36 a 40 anos

☐ Entre 41 a 45 anos ☐ Entre 46 a 50 anos

☐ Entre 51 a 55 anos ☐ Entre 56 a 60 anos

☐ Entre 61 a 65 anos ☐ Mais de 65 anos

2. Formação acadêmica

Graduação em _______ __________________

Especialização em ______________________
(concluído ou em andamento)

Mestrado em __________________________
(concluído ou em andamento)

Doutorado em ______________________________
(concluído ou em andamento)

3. Experiência no magistério

Tempo que leciona: __________________________ anos

Disciplina(s) que leciona __________________________

☐ Ensino Fundamental ☐ Ensino Médio

4. O que você entende por:

- Interdisciplinaridade
- Habilidades
- Competências
- Contextualização

5. Na(s) escola(s) em que você trabalha existe a prática interdisciplinar? Justifique sua resposta.

6. Você já participou de projetos interdisciplinares? Justifique sua resposta.

7. Você encontrou alguma(s) dificuldade(s) em trabalhar de forma interdisciplinar? Qual(is)?

8. Como você trabalha em sala de aula:

- **Interdisciplinaridade**
- Desenvolvimento de **habilidades**
- Desenvolvimento de **competências**
- **Ensino contextualizado**

Apêndice D

Dicas para elaboração de roteiros para entrevistas

Obs.: Este foi o roteiro de entrevistas aplicado aos quatro grupos de pessoas que estavam envolvidas com o processo de formação do técnico em associativismo e a implantação do Programa de Desenvolvimento Local na cidade de Camaragibe/PE (coleta de dados para construção da tese de doutorado em educação da autora desta obra).

ROTEIRO DE ENTREVISTAS

1. Temática: ASSOCIATIVISMO

➢ **Projeto de aperfeiçoamento em associativismo/cooperativismo**

- Percepção do acordo entre a UFRPE e a US.
- Motivação que o levou a fazer o Curso de Especialização em Associativismo.
- Aspectos que mais gostou e não gostou no processo de formação do CEA.
- Até que ponto os objetivos previstos foram atendidos.

➢ **A estruturação do Curso de Especialização em Associativismo (CEA)**

- Percepção quanto à estruturação do CEA em módulos de estudos.
- Percepção dos conteúdos teóricos das disciplinas.
- Percepção da clientela do PAPE que são portadores ou não de experiências no domínio do associativismo/cooperativismo.

➢ **Metodologia de ensino**

- Elementos que facilitaram ou dificultaram o processo ensino-aprendizagem.
- Elementos que facilitaram ou dificultaram a relação teoria-prática.
- Aspectos positivos e negativos das visitas ao campo.
- Percepção do sistema final de avaliação através de monografias e projetos de intervenção.

➢ **Prática: impactos no ambiente de trabalho**

- Impactos da formação em associativismo/cooperativismo nas empresas e no contato com as comunidades.
- Impactos da formação no processo de engajamento e trabalho no Programa do Desenvolvimento Local de Camaragibe.

➢ **Perfil do especialista em associativismo**

- Percepção da função do especialista em associativismo (formação dentro de uma perspectiva de desenvolvimento local).

2. **Temática: DESENVOLVIMENTO LOCAL**

- Entendimento sobre desenvolvimento local e do desenvolvimento econômico.
- Entendimento sobre o Programa do Desenvolvimento Local de Camaragibe.

- Motivação para se engajar no Programa de DL de Camaragibe.
- Percepção da parceria (equipe interinstitucional).
- Percepção das injunções políticas e técnicas do Programa do DL.
- Elementos que facilitam ou dificultam a implantação do Programa de DL em Camaragibe.
- Percepção dos impactos do Programa de DL na comunidade.